大 学 用 书

古文字学简论

林 沄 著

中华书局

图书在版编目(CIP)数据

古文字学简论/林沄著. —北京:中华书局,2012.4
(2025.7 重印)
(大学用书)
ISBN 978-7-101-08556-3

Ⅰ.古… Ⅱ.林… Ⅲ.汉字-古文字学 Ⅳ.H121

中国版本图书馆 CIP 数据核字(2012)第 030984 号

书　　　名	古文字学简论
著　　　者	林　沄
丛 书 名	大学用书
责任编辑	陈　乔
封面设计	刘　丽
责任印制	韩馨雨
出版发行	中华书局
	(北京市丰台区太平桥西里 38 号　100073)
	http://www.zhbc.com.cn
	E-mail:zhbc@zhbc.com.cn
印　　　刷	大厂回族自治县彩虹印刷有限公司
版　　　次	2012 年 4 月第 1 版
	2025 年 7 月第 7 次印刷
规　　　格	850×1168 毫米　1/32
	印张 6¼　插页 2　字数 100 千字
印　　　数	16001-17000 册
国际书号	ISBN 978-7-101-08556-3
定　　　价	28.00 元

目录

前言

这本小书是我在1984年写的古文字学入门书，当时学古文字的人还很少，想用比较浅显的文字，使有高中以上文化的读者，了解古文字是什么，古文字考释是怎么回事，怎样入手研究古文字，从而吸引年青一代参加古文字学的队伍。最初设想的出版去向泡了汤，因为1986年出乎意料地当了吉林大学副校长，又正好主管出版社，便近水楼台地由吉林大学出版社出版了。当时的印刷质量差，错字也不少，连封面上作者名都大小不一致。不过一次印了3000册，总算不少。然而销得还相当快，不久在书店里就买不到了。在考古系资料室和文物陈列室中保存的一部分书，后来也越来越少了，连我自己也只剩下一本。

这本小书因为内容比较浅显，大概是简洁而一气呵成的缘故，所以虽未重印，在社会流传较广。不少高校用作古文字学的教学参考书，或列入考研究生应读的书目。近来听说作为旧书一本已卖到100元。所以，这次中华书局有意推出，我当然很高兴，并深表感谢。

得到这次再版的机会，我对这本小书作了如下的修改：

一，我对"六书"中"转注"的理解，原先是赞成戴震、段玉裁主张即同义代用的，也就是戴震说的"其义转相为注曰转注"。但后来认识到在汉字体系形成的早期阶段，存在着同一个字形可以作为音和义都不相同的两个以上语词的表义字。"老"和"考"之所以是转注关系，是因为原先"老"这个字形，同时也可以作为"考"的表义字（可参看收入《林沄学术文集》的《古文字转注举例》）。所以这次再版时，对六书"转注"的解释作了彻底修改。

本书在阐述于省吾先生"以形为主"的古文字研究方法时，对古文字客观存在的字形和辞例这两方面属性，强调了应以前者为基本出发点，但也指出了要辩证地对待两者在考释古文字中的作用。因恐怕读者片面理解"以形为主"，在本次再版时，对辞例的作用作了一定的补充。并建议读者可以参看商务印书馆在 2010 年重新出版列入"中华现代学术名著丛书"的于省吾《甲骨文字释林》时，所附录的我写的《〈甲骨文字释林〉述介》一文，以加深理解。

此外，对原书中我现在认识到有错误的地方，也作了少量的修改。

二，本书初版到现在已经过去二十多年，在这期间中国的古文字学及相关学科的发展很快。本书原先介绍的参考书已经显得陈旧了，所以在再版时作了必要的改动和补充。由于现在网络很发达，知道了作者和书名，在网上便可查得不同的版本，就不再列成参考书目了。

三，书中原用的"音意文字"一词，依周有光《比较文字学初探》一书改为"意音文字"。周先生最早使用这一术语是在《中国语文》1957年第7期上发表的《文字演进的一般规律》一文中。我赞成周先生对汉字性质的判断，所以用词也应求统一。

本书这次再版，中华书局的陈乔同志建议、筹划在前，勤勉编务在后，是我非常感激的。此外，我的博士生李洪财重新摹写了古文字字形，在此特意致谢。

林沄

2012年2月8日

导　言

古文字和古文字学

汉字是世界上现行文字中历史最悠久的一种,它在几千年的发展中,经历了复杂的演化过程,在形体和结构上有种种改变。因此,后代的人并不能认识前代曾经通行过的汉字。于是,"古文字"的概念就自然地产生了。

　　从现存文献记载来看,汉代已有"古文字"一称。汉朝初年的《史律》规定:父辈是"史"的学童,十七岁入学,学三年。用《史籀篇》十五篇进行考试,能读、写五千字以上,才能当"史"。又经过"八体"的考试,成绩优异的方可担任县令史、尚书卒史。所谓"八体"是指秦代仍然通行的大篆、小篆、刻符、虫书、摹印、署书、殳书、隶书这八类字体。至于秦代以前通行过的其他文字,连当时的高级知识分子也不甚熟悉了,因而称之为"古文字"、"古文"或"古字"。例如,《汉书·艺文志》记载,汉初"鲁恭王坏孔子宅……而得古文《尚书》及《礼记》、《论语》、《孝经》凡数十篇,皆古字也"。《史记·儒林传》记载:"孔氏有古文《尚书》,而安国以今文读之。"《汉书·郊祀志》记载:汉宣帝时在美阳发现古鼎,大臣们多数认为"宜荐见宗庙",而"张敞好古文字,按鼎铭勒而上议曰:'……臣愚不足以迹古文,窃以传记言之,此鼎殆周之所以褒赐大臣,大臣子孙刻铭其先功,臧(藏)之于宫庙也。……不宜荐见于宗庙'"。可见,西汉时人把东周时竹简上的手写体文字和较古老的铜器铭文都称为古文字。东汉时,许慎写《说文解字》这部著作时,所分析的字体以小篆为主体,而且列出了和小篆写法有差异的大篆或籀文,以及他当时所见到的"古文"。许慎在该书《后叙》中说:"古文,孔子壁中书也。"又说:"郡国亦往往于山川得鼎彝,其铭即前代之古文。"也是把大篆或籀文以外的先秦文字称之为"古文"。

不过,"古文字"这一概念,历史上未曾精确地下过定义。随着时代的推移与文字的变革,在一般人的心目中,"古文字"的范围是不断扩大着的。在通行简化汉字的今天,即使是受过高等文科教育的人,不但绝大多数不认识大篆、小篆,就连隶书也感到很难识读,可以算作"古文字"的了。但从学术角度来看,由于许慎的《说文解字》一直流传到今天,系统地保存了对小篆九千多字在音、义两方面的说解,不论小篆与后代通行汉字形体上有多大的差异,小篆是属于已识字之列的。而汉代以后,特别是近代考古学发达以来,不断发现的先秦文字资料,单靠《说文》已收的几百个先秦字体作简单对照,就只能识读很小一部分,因而,识读这些先秦文字,成为需要专门研究的课题。这样，就产生了一种与小篆相对而言的"古文字"观念。发展为一门有特殊研究领域的学科——古文字学。

古文字学之所以产生，是因为要识读与小篆相异的先秦文字。或者说是把《说文》所收的小篆及其他字体（已知部分）的字作为基点，去识读目前尚未认知的其他先秦文字。这种识读研究的直接目的，第一是要认出目前尚未识读的先秦文字是后代的什么字，第二是要在识字的基础上解释文句所表达的意义，也就是确定这些字在具体使用场合下的特定含义。这两件事合在一起，通常称之为"考释"。这种古文字研究，在我国有很悠久的历史。但在开始时，这类研究是零星的，单凭个人经验的，尚不能总结出考释古文字的一般方法、理论。因而还没有形成一个独立的学科。清代考据学兴盛起来，这是以研究《说文》为中心的文字学很发达的时代，但小篆以外的古文字研究仍无根本性的突破。许多文字学家还只把古文字研究的成果（其中还有不少是错误的识读）当作研究《说文》的补充手段。

直到清末，河南安阳小屯村商代甲骨文的发现和近代田野考古发掘开展后，大量先秦古文字资料出土，这才使古文字研究在新的基础上更大规模地开展起来。应该指出，清代晚期对过去出土的先秦铜器铭文的研究已渐趋精密，不但已有详细论述考释古文字根据的著作刊行，而且在吴大澂《字说》、刘心源《古文审》、孙诒让《古籀拾遗》等著作中，已表现出总结考释古文字一般方法的倾向。特别是在商代甲骨文引起学术界注意之后，打破了清代学者以《说文》所收篆体字（包括古文、籀文）为汉字本原的传统见解，有识之士已开始认识到在《说文》所收篆体之前，汉字已有相当长的发展演变的历史。孙诒让在《名原》一书中提出了应该把先秦古文字和《说文》所收篆体字互相比较，分析形体差异和演变的种种现象，寻求"沿革之大例"，"上推书契之初轨"。他的论著，不仅对扫除以往考释古文字的随便推测的恶习，提倡实事求是、细致分析作出了很大贡献，而且开始认识到应该研究古代文字形体发展演变的各种具体规律，作为考释古文字的依据。因而，对于古文字学的建立，实有"开山之功"。

其后，罗振玉、王国维及后继的许多古文字研究者，认出了大量前人不曾见过或未释、误释的先秦文字，从而读通了大量的商代甲骨刻辞、商周青铜器铭文和地下出土的先秦时代的其他文字资料。在这种实践中，不断丰富了考释古文字的经验。对先秦时代文字发展规律的探索，对考释方法正确与否的讨论，都逐步深入。这样，古文字学才作为一门独立的学科，逐步从传统的"文字学"中分离出来。

我国第一部以"古文字学"为书名的著作，是唐兰在1935年出版的《古文字学导论》。他虽然主张"由文字学的眼光看来，小篆已应放在古文字的范围里去"，不过该书实际上着重讨论的却仍然是如何识读先秦文字的方法问题。在谈到古文字学和文字学的关系时，他说："古文字学好像只是文字学的一支，但它却是文字学里最重要的部分，一般人所讲的文字学，只在讲小篆——隶书以下，是不关紧要的——但要拿小篆去探讨文字发生和演变，错误是不能免的。所以要把文字学讲好，就得先对古文字做一番研究。"他还指出："过去的文字学者对古文字无深切的研究，研究古文字的人，又多不懂得文字学，结果，文字学和古文字研究是分开的。"他力图要"打通这一层隔阂"，使古文字研究成为科学。

胡朴安在1936年出版的《中国文字学史》一书中，把中国文字学史分为四个时期，即文字书时期、文字学前期、文字学后期和古文字学时期。古文字学被视为文字学发展的一个阶段。他又说："古文字学尚在继续研究之中，未能成为有系统之学也。"

从 20 世纪 30 年代到现在，文字学和古文字学都有很大的发展。文字学进一步冲破了"说文学"的狭隘范围，更全面地研究古今汉字的各方面现象。古文字学在收集、整理和解释资料的方法方面也有很大的进步。今天，我们究竟应该怎样来理解古文字学和文字学的关系呢？

在一般人看来，古文字学自然应该是包括在文字学中的，是其中的一个部分。实际上，两者已经是彼此独立的两个学科。表面看来，两者的区别仅在于研究对象的范围有大小：古文字学只研究先秦时代的汉字，文字学则研究古今全部汉字。但从本质上看，两者研究对象的性质和研究任务是有根本差别的。古文字学的研究对象是待识的先秦文字，其任务是识读未识及误释的先秦文字。一般的文字学则是对全部已识的汉字作科学的分析，以总结出各方面的规律性认识。这些规律性认识是否合乎实际，首先取决于所据资料是否确实可靠，因而未识之字和识读上有争议的字自然就被排除在可用资料之外了。但是，如果通过考释古文字而使未识文字变成公认的已识文字，则这一部分古文字也就成为一般文字学的研究对象了。从这个意义上说，古文字研究乃是文字学赖以发展的一个重要的新资料来源。所以，古文字学逐渐成长为一门有系统方法和理论的学科，确实意味着文字学的发展可以进入一个新的时代。当然，古文字学和文字学是有密切联系的。从已识文字中总结出来的对文字构造方式、形体演变规律等的认识，对于识读未识文字有很大的意义，而未识文字不断转变为已识文字，又能使对文字的多方面规律性认识不断丰富和更为符合实际。因而，总结这些规律，不仅是文字学也是古文字学的重要内容。

古文字研究不只是对文字学的发展有重要作用，它对多种学科的发展都是重要的资料来源。任何涉及到先秦时代的研究课题都必须以先秦时代的史料为客观依据。原封未动的先秦古文字资料，当然比辗转传抄翻刻而存留到今天的先秦古籍有更大的可靠性，而且，不断出土的古文字资料还提供了许多过去在书本上根本见不到的新鲜史料。因而，古文字考释的成果，推动了多种学科的发展，越来越受到多方面研究者的重视。

我们已经积累了很丰富的先秦古文字资料，这些资料的考释还有许多没解决的问题。而田野考古又源源不断地提供一批批待考释的新资料。古文字研究的队伍是亟需扩充的。现在有不少人对古文字有浓厚兴趣,有志投身于古文字学,但其中有相当一部分人对古文字学还缺乏正确的认识。有的人以为读过《说文》,熟悉了小篆,又认识了已往识出的商周文字,就算已经懂得了古文字学。其实,那不过是进行古文字研究的最初步的准备。单有这些知识,充其量不过能在考释古文字资料时认出前人已识的字,对于其他待识的字仍然是无补于事的。而且,单单是认出了字,并不等于能对字在具体文句中的特定含义有正确的理解。

真正地懂得古文字学,实际上应该是指把握了识读待识文字的正确方法,而这种方法是要在考释待识文字的实践中才能逐步掌握的。另有一些人,他们连《说文》小篆的基础都没打好,又不曾掌握古文字研究的已有成果,就急于考释待识的古文字。他们不能正确地辨析以前古文字研究者的不同考释方法,把糟粕误认为精华,往往走上靠灵机一动就信口乱说的错误道路。还有一些人,往往把解说已识的先秦文字的造字本意,当作古文字学的主要内容。其实,那不过是对已识之字的分析,应归入一般文字学的范畴。只有当这类研究能有助于辨识过去未识的字或有助于读通过去意义不明的文句时，才属于古文字学的范畴。但是，把已识的字从具体文句中割裂出来，单凭其字形讨论其造字本意，往往可以有无限想象的余地而得出诸种非常不一致的结论。以甲骨文中的 帝 字为例，已经认出是帝字，但从字形讨论其造字本意，目前竟有十几种不同说法，有人说象花蒂，有人说象女阴，有人说是祭祀用的束柴，有人说是稻草人……。这种说解对识字或读懂文句毫无补益，实在和古文字学是风马牛不相及的。

其他研究有关先秦时代诸问题的人，常常想要了解有无可利用的古文字资料或考释成果，尤其是从事汉字史、古汉语、先秦史、商周考古等方面的人，则希望更多地了解古文字学，有的甚至想具有直接阅读先秦古文字原始资料的能力。但是，当他们开始接触到古文字研究的已有成果时，往往感到：古文字考释中众说纷纭、莫衷一是。同一个字，这位专家说是甲，那位专家说是乙，又各有一套理由，不知信谁的好。同一篇铜器铭文，不同的考释者不仅对字句有不同的解释，甚至通篇说的是什么事，都会有完全不同的看法，真像进了一个迷魂阵。于是，有的人以为古文字高深莫测，失去勇气而打退堂鼓。有的人以为古文字研究无科学性可言，不足信据。有的人则从实用主义的目的出发，只要是对自己观点有利，不管考释得对不对都加以引用，以致把本来就是错误的东西发挥到更加荒谬的地步。有的人则一时兴起，自己也来胡乱"考释"一番，在纷纭的说解上再增加新的混乱。

造成上述种种情况的原因是多方面的，但根本的原因是在于，古文字学本身是一门年轻的学科，不仅研究对象没有最后划定，根本任务还有不同的理解，最主要的是在古文字学界内部也还没有形成统一的识读待识文字的方法和理论。这使有的人在近年仍说古文字学还没有建立。实际上，古文字研究发展到今天，不同的研究者在各自的实践中已经积累了相当丰富的成功和失败的经验，从其中得出了一定的行之有效的一般方法和原则。但从唐兰《古文字学导论》到今天（指20世纪80年代——编者注）的半个世纪中，一直没有另一部古文字研究方法或理论的专著问世。如果要求古文字学界马上就有大家公认的统一方法和理论，那是不现实的。

这本小册子，只是从个人的理解和体会，试图对考释古文字所应该遵循的方法和原则加以总结，并力图作比较浅显的阐述。主观上是希望使有志于古文字学的初学者,能选定正确的入门途径。帮助要了解古文字考释成果的人懂得古文字是怎样考释出来的,面对纷纭的异说自己有一个判定是非的标准。我们热切期望的是,有更多的讨论考释古文字的一般方法和理论的专著问世,通过取长补短和实践进一步的检验,逐步建立起统一的完整的古文字学理论。只有古文字学界内部形成一个基本统一的研究方法和理论,古文字学才能成为世人所公认的一门学科。

第一章

汉字记录语言的方式

我们不论识读哪一种文字，首先要弄清这种文字是以何种方式来记录语言的。

目前世界上通行的各种文字，绝大部分是以特定的符号通过表音来记录语言的。例如，英文是用拉丁字母分别表示不同的元音和辅音，日文是借用汉字演成的假名分别表示不同元音和辅音结合成的音节。读这类文字时，是根据文字符号读出一定的语音，由不同的语音而推知其记录的语义。现在我国试行的汉语拼音文字就是这种文字，这种文字可统称为"表音文字"。

近来，有人因为每个汉字都有固定读音，主张把汉字也划归表音文字，这是很不妥当的。每个文字符号都有固定的读音，是所有各种真正的文字体系所必具的共同特征。汉字不同于大多数文字的地方，是在于它的文字符号除了有表达语音的作用外，还有一个以不同形体区别不同语义的作用。以目前供中等文化程度的人所用的《新华字典》所收的字为例，记录 yì 这一语音的字就有六十多个不同形体。所以小学教学默写单字时，就必须在读出字音之外，还要附加意义上的说明，如"会议的议"、"利益的益"等等。像汉字这样利用不同形体既表语音又兼别语义的文字，应该称为"意音文字"，以区别于上述的表音文字。要理解汉字性质上的这种特点,应该比较深入地分析一下汉字原始的造字方法,及其发展的主要趋势。

孤立的符号,即便具有确定的含义,并不能成为文字。每一种文字都是记录某种特定语言的符号体系。所谓"造字",就是规定用某种符号来记录语言中的某一成分,而不同形体的符号必须要达到一定的数量,才能足够代表语言中的不同成分而不致于引起理解上的混淆,从而构成一个能有效记录语言的完整符号体系。

那末,汉字这种符号体系是用什么方法创立和发展的呢? 在我国文字学史上一直相传的是"六书"的说法。

"六书"这种说法,在《周礼》这部书中就见到了。但到底是哪六种,东汉时就众说不一。班固在《汉书·艺文志》中说是"象形、象事、象意、象声、转注、假借,造字之本也"。郑众注《周礼》时说:"六书:象形、会意、转注、处事、假借、谐声也。"许慎在《说文解字·叙目》中则说是"指事、象形、形声、会意、转注、假借"六种,并对每一种都作了简略的解释,各举了两个例字。后来的学者,绝大多数都信从许慎之说。然而,许慎的解释仍然过于简略,所以对许慎所说的"六书",理解上又产生了种种分歧。有的人又把每一类再细分为许多小类，有的人则只沿用许说名目而自己大加发挥。对"六书"的研究实际上发展成为文字学中的一个专门分支。

在过去对"六书"的讨论中，不少人对于班固所说的"造字之本"的理解是片面的。他们把文字和语言割裂开来，认为只有创造新形体的字才算造字，而把"六书"单纯当作分析汉字形体结构的原则。但是，清代的戴震就已经提出：指事、象形、会意、形声四者为字之"体"，而转注、假借二者为字之"用"。他的弟子段玉裁作《说文解字注》，对"六书"的解释就是采取这种"四体二用"的观点。认为指事、象形、会意、形声是创制各种文字的基本方法，至于假借、转注并不产生新字，只是在记录语言时对原有的字的运用方法。转注即同义（或近义）字互用，假借即同音（或音近）字互用。可见，清代以来的"六书"学说，并不局限于单纯分析文字构造的方法，已经扩大为研究汉字是用哪些办法来记录语言这样一个广泛的课题了。

今天我们要对汉字记录语言的办法作尽可能全面而科学的总结，固然应该充分重视历史上存在过的"六书"之说，并吸收过去对"六书"讨论中各家见解的精华部分，但不宜继续囿于"六书"的框框，而应该对我们今天所能见到的古文字现象进行更符合实际的具体分析。

在文字诞生的历史上，用图形符号记录语言大体可分为两大阶段。起初人们只用一定的图像或符号记录一个笼统的意思或一段话中最主要的语词，这是"文字画—图画文字"阶段。当人们有足够的符号而能够逐词记录语言，即基本上使图形符号（或符号组）跟语句中的词有一一对应关系，才形成了真正的文字体系。文字是有形的符号，语词则以一定的音表示一定的意义。文字之记录语词，就是以一定的形来代表和区别一定的音和义。从这个观点来看，文字符号和所记录语词的关系可分为三大类，即：

（一）以形表义

（二）以形记音

（三）兼及音义

汉字在形成文字体系时，是同时使用这三种方法来记录语词的。下面我们逐一加以讨论。

一、以形表义的方法

许慎"六书"中的象形、指事、会意都是属于这种方法的。它们的共同特点是从所记录之语词的含义出发来规定文字符号的形状，因而字形是和词义有关的。

日　月　鱼　羊　　犬　戈　刀

图一

许多实物名词可以直接用该物的形象作为记录符号（图一）。按许慎"六书"的分类法，这是公认的"象形字"。例如鱼字作鱼形，戈字作戈（古代的一种常用武器）形。许慎说象形是"画成其物，随体诘诎"（"诘诎"是弯曲的意思），但文字毕竟不同于写生画，已具有约定俗成的符号性质。例如犬和羊都是四条腿的动物，犬字作犬的整体侧视形，羊字却只表现羊的头部。月亮时圆时缺，但为了和圆形的太阳相区别，规定只取新月形作为"月"这个词的记录符号。

舞　伏　藉　欠　　鬥　射　伐　　荷　立　见

图二

表示动作的词，也可以用这种直接图示法来制定记录符号（图二）。如伏字最初作侧视的人匍匐状，舞字作正视的人持牛尾舞蹈状。不过，要表示一个动作，往往需要比较复杂的图形，如耤字作人踩耒（古代的一种双尖的翻土工具）掘地形，鬥（斗）字作二人披头散发撕打形，射字作拉弓放箭形。习惯于说文学"六书"分类法的人往往不承认这类字是"象形字"，除了因为这类字记录的词并非指"物"之外，对于构造较复杂的字，说它们不是独体而是合体，也就是说这类字是两个以上符号构成的，应属于"比类合谊，以见指㧑"的"会意字"。然而，许慎在具体分析文字的构形时，对于并非记录实物名词的字，也往往使用"象某某之形"的说法。如鬥字他就说是"象鬥之形"，打哈欠的欠字，他就说是"象气从人上出之形"。而且，射字虽然勉强可以拆成弓形、矢形和手形三个独立符号，实际上独立的矢字从来不作↑形，作↑形的矢也不见于其他真正的由两个以上偏旁构成的合体字中。至于象耤字中的耒形，虽然有独立当耒字用的（但往往附加一个手形），但除去耒形而剩下的举一足之人形，就根本不能独立存在。其实，这类字中的各部分是不可分割的，应视为一个整体性的图形符号。在射字中，只有箭搭在弓上，手扣弦拈箭才符合要表达的词义。在耤字中，只有人的手持耒柄，脚踏耒首，才符合要表达的词义。这跟真正的合体字中诸偏旁可以随意变换相对位置是不同的。又如，砍伐的伐本来必须把戈的刃部置于人形的颈上，表示割首；负荷的荷本来必须把戈的柄置于人形的肩头，表示扛着。虽然都有戈形和人形两部分，却是各不相同的完整图形，如果都分析为"从人"、"从戈"，就抹煞了这种原有的根本差别了。在这类字中，如鬥字要强调用手，则把手部表现得突出而细致些。耤字要强调用脚，则把脚表现得突出而细致些，跟偏旁也是不能混为一谈的。

州　　　雨　　　眉　　　须

图三

应该注意的是，即使是记录实物名词的字，也并非都是只表现该物的本体，而有附添的成分（图三）。如州字，为明确是"水中之陆地"的意义，在陆地本身外，附加了旁边的水。雨字，为了明确是自天而降的水滴，在雨点之外，在上方加一横划表示天顶。眉字中眉毛是附在眼睛上的，须字中胡须是附在人形的面部的，之所以要添加眼睛和人形，也是为了明确字义和区别字形。这跟记录动词的直接图像法中，立字在站立的人形之下添加所站的地面，是同一道理。

为了强调简单的图形符号所代表的语义,把某一部分表现得突出一些,是记录实物名词也采用的方法(图

果　元

图四

四)。例如果字就把树上的果子表现得特别大,元(古义为"头")字就把人形的头部表现得特别大。在记录动词的字中,如打呵欠的欠字把张开的嘴部加以强调,看见的见字,把眼部加以强调,是同一种手法。

记录抽象名词和其他较抽象观念的词,也可以采用很具体的图形符号(图五)。例如大字是一个正面站立的人形。"左"和"右"则分别利用左手形和右手形作记录符号。义为晚上的夕字,是一个月亮形,因为晚上才有月亮。义为已婚女子的妇(婦)字,是一把扫帚形,因为已婚女子以执帚洒扫为日常职责。这类字如按"六书"分类,有人归为指事,有人归为会意,众说不一,很难有定论。从本质上说,它们都是独体字,而且都是具体事物的图像,但是图形和所记录的语义之间是借喻、象征、暗示等较间接的关系了。在表示比较抽象的概念时,上述手法是很必要的,而且往往要用两个以上的实物图像符号综

合而表现之。例如,礼字就用举行礼仪活动时常用的玉

大　　左　　右　　夕　　妇

图五

形和鼓形合在一起;鲜字就用鲜美食物之代表鱼形、羊形
合在一起;男字是把男子社会分工中常用的农具形和所
耕的田形合在一起;炎字是把两个火形叠加起来。以上
这类字按"六书"分类法均被认为是会意字,但细分又有
性质上的差别。举例说,"集"字本来是由三个鸟形和一
个树木形构成,说是会意字当然可以,但说是"象众多之
禽鸟聚于树上之形"也不见得不对,这和男字、鲜字之类
性质就有一定差别。而且像男字,两个符号的位置无论
怎样安置都可以表示同一意思,而集字如把鸟形安排在
木下就违失本意了(图六)。

豊　　鲜　　男　　炎　　集

图六

　　在表示实物以外的比较抽象的概念时,还有一个把
具体实物图像所代表的意义加以引申和抽象化的过程,

例如,ᗻ是嘴的实物图像,在口字中它表示嘴本身;在ᚹ(祝)字中还是实际的嘴,但强调的是祝祷者的念念有辞;但在ᚬ(君)字中就只是借口形来表示说话(发号施令)的意义;在ᚭ(鸣)字中又由表人言而扩大为兼表一切发声行为了。

除了这种起源于实物而表示抽象意义的符号之外,在不少字中还含有纯抽象的成分。例如,在口形上加一短线,表示从口说出话来,构成ᗄ(曰)字;在刀形的前端作分离的两划,表示以刀裂物,构成ᚪ(分)字;在鼓形旁边加连续的短划,表示从鼓上发出连续的响声,构成ᚫ(彭)字,等等。这类字,按"六书"分类的人或以为是会意字,或以为是指事字。另有一些记录物体部位名称的字,在实物图形的相应部位添加纯抽象的指示符号,例如ᚣ(亦,即腋字)是在人形腋部加两点,ᚬ(面)是在头形的面部加一曲线。这种字,历来几乎都被归为指事字,然而,许慎所说的"指事",本意却恐怕不是指这一类字。许慎对"指事"下的定义是"视而可识,察而可见"(按:段玉裁《说文解字注》据颜师古《汉书·艺文志》注认为应作"察而见意")。意思是这类字的意义是一看就明白的。事实上只有像日、月这一类直接图像法的字才当得上这种定义,许慎却又偏偏把它们列为"象形"。如从字面上推敲，"事"可能是比较抽的概念。而且许慎所举的"指事"的例字，又恰恰是最简单的纯抽象符号⼀（上）和⼀（下）。这种符号说不上是什么实际事物的简化结果。从今天生活实际中考察，这种大家都懂得其意义的抽象符号也还是有的，例如×表示错误、禁止、取缔的通用符号。许慎的本意似乎是有一些纯抽的符号本应是人人都一看就明白的，这种观点带有一定主观的色彩。但如果说在文字形成之前，人们在长期实践中已约定俗成地使用一些人人都明白其意义的抽象记号，仍不失为一种合理的推想。在以形表义的造字法之中，把这类符号吸收到文字中来，也是完全可能的。例如数字一、二、三等就很可能是如此。至于像面、亦（腋）类的字，很明显是在许慎所说的"象形"基础上派生的。如果许慎认为这类字是"指事"，决不会把"指事"列于"象形"之前的。

综上所述，用根据词义确定字形的方法所造的字，内涵是很复杂的。我们虽未能作很全面的分析讨论，但至少已可以看出这样一些主要的差别：（一）从构成字的诸成分来看，有的符号是实物的简略图形，有的符号是纯抽象记号，还有的是由实物图形而演化成的表示抽象概念的记号;(二)从字的总体结构来说,有的是一个图形符号构成的独体字,有的是两个以上图形符号构成的合体字。在这两者之间,还有构造复杂而实际不可分割的假合体字,以及在独立符号上附加不能独立存在的抽象附加成分的半合体字;(三)从字形和所要表达的语义的关系来看,有的是直接的画成其物,有的则是借喻、象征、暗示等间接而曲折的表现方法;(四)从字所记录的语词的词性看,有名词、动词、形容词等不同,这些词又各有具体和抽象的差别。

这些不同角度的种种差别,显然不是旧有的指事、象形、会意三分法所能够妥善区划的。因此,我们把凡是字形与所记录语词的意义有关联而不包含其他标音成分的字,统称为"表义字"。表义字的进一步分类,可从不同的角度作多方面分析,如囿于旧的三分法,只能导致无谓的争论。

在各种早期的意音文字(如古埃及的圣书字、苏美尔的楔形文字、我国纳西族的东巴文)中,还存在一种现象:用相同的字形充当不同词义语词的表义字,而在作为不同的表义字时,读音是完全不同的。如纳西族的东巴文中,画一把斧子,既可作为"斧"的表义字,又作为"铁"

的表义字（因为斧用铁制）。画一个戴男式帽子的人，可兼作"子"、"男"、"丈夫"的表义字，画一个戴男式帽子而又披长发的人，可兼作"叟"和"祖父"的表义字。许慎在谈到"转注"时所举的老、考两字，实际上也是同样的情况。在甲骨文中，目前我们只见到作长发而拄杖人形的字，即老字。而在西周金文中，这个字既可以读成"老"，如"灵终难"（曶季良父壶铭，所拄杖已变成弯曲形），其义为年老；又可以读成"考"，如"用享孝于皇神祖"（杜伯盨铭），其义为父亲。为了区别两字，西周时在表示父亲义的字上加注音符"丂"，作，又把杖形省去变成，考和老才分化为两个字（详见第三章"分化"一节）。在甲骨文中，我们还可以找到不少这样的一个字形充当不同义又不同音的表义字的例子：

）,既是月字，又是夕（有月亮的时候）字。

，既是帚字，又是妇（婦）（妻子以持帚洒扫为责）字。

，既是禾字，又是年（农作物丰收）字。

，既是立字，又是位（站立处）字。

，既是女字，又是母字。

，既是鼻字，又是自（指鼻自谓）字。

这种一个字记录两个以上的不同义又不同音的语词

的现象，虽可避免不同形体的字形不断增多，却造成阅读上的困惑。只能靠上下文来判别究竟应该读什么音、表什么义，毕竟容易读错。在文字发展的过程中，逐渐被分化字代替，在东周时就基本上消亡了。但是它用同一个字形可以转而作为另一个词的表义字，称为"转注"，无疑是很合适的。这种方法虽不增加新的字形，却可以使可记录的语词增多，和下文将讨论的"无本其字，依声托事"的"假借"相似，所以也可以认为是一种造字之法。只是这种记录语词的方法，秦汉以后的学者已经难以理解。所以博学如许慎，也只知道老、考这一对转注的例字，却不能准确地解释其原理。实际上，一组转注字，在分化之后，往往还可以看出有相同的偏旁，所以说成是"建类一首"，还大体不算错。但转注字并不是同义字，而是不同的字义都可以和同一字形产生关联，所以许慎说"同意相受"就不对了。以老、考为例。老是年老，兼有老年人之意，和考指父亲（后来转义指祖父），还是有差别的。但许慎在《说文》中说："老，考也。""考，老也。"就完全当作同义字了。这就使得后代文字学者对"转注"怎么说也说不明白。只有今天我们能见到商代的古文字资料，参照其他早期文字的资料，才能揭开这个谜团的真相。

二、借形记音的方法

在"六书"的分类法中，这种方法叫做"假借"。按许慎的说法是"本无其字，依声托事"。也就是说，对某一语词来说，原来没有相应的记录符号，规定用记录另一同音（或音近）词的符号来记录这个词。

这种方法之所以必要，有以下三方面的原因：（一）每个不同意义的语词都要规定一个形体有别的记录符号，势必使整个文字体系中的字数增加到使人无法学习和掌握的地步；（二）单用以形表义的方法，无法合理解决区别语言中丰富的同义词和近义词等问题；（三）大量表示较抽象概念的语词，很难一一以形表义。特别是语言中表示语气和语词相互关系的成分，即所谓虚词，孤立地看是没有确定含义的，用以形表义法来记录实在无法胜任。但要构成能基本逐词记录语言的文字体系，记录虚词的符号又是必不可少的。从这种意义上说，当汉字这一文字体系形成之时，借形记音的方法是应该已经有了的。

举例来说，古汉语中要强调一句话中的某一个名词，就在该词前加一个虚词"惟"，这个词本身是没有意义的，有点像英语中的 the。在记录该词时，就借用同音词"隹"（义为短尾鸟）的记录符号——𠁥。古汉语中的"我"，相当于现在的"我们"和"我们的"。这个词当然不见得不能按以形表义的办法来制定记录符号。但商代文字中记录该词时却是借用发音与"我"相同的词"錡"（一种有锯齿形刃的扁平斧形武器）的记录符号——𢦏𢦒。又如，记录方位词的东字。许慎《说文》引官溥的说法认为"从日在木中"，历来文字学家都把它当作会意字，想出各种自以为合理的解释。其实从甲骨文和早期金文中东字的写法来看，根本不存在日形符号，而是一个两头束住而上加绑绳的袋子——𢒉𢒉𢒉。显然是因为古代"东"和"橐"（袋子）两词同音，所以借橐形记录"东"这个词。在最早的甲骨文中，这一类借形记音的字就已经占有相当大的比例。

造字的实质就是使语词有一定的记录符号，通过借形记音法使语词可记录者增加了许多，当然也可以看作一种造字方法。但这里引起了一个新的问题：同音词用同样的符号去记录，会不会在阅读时引起理解上的混淆呢？当然，这首先取决于所记录的语言本身的特点，如果语言本身同音词很少，一般不会引起理解上的混淆。但即使是在同音词很多的情况下，如果比较严格地规定哪个词必须用哪个同音词的记录符号来记录，并把借形记音字的总数限制在适当的范围，在成篇的文字中也不致于造成阅读的困难。打个比方说，如果我们规定语言中园圃的园和方圆的圆都用园字作记录符号，一般只要看到"公园"连写，就不会理解为"公共的圆形"。但如果进而规定语言中的园、圆、原，都只用同音的元字作记录符号，那末只见"公元"两个字连写，就不知道是指公共的游息之地还是指一种纪年；只见"元形"两个字连写，就不知道是指本来的形状，还是指一种几何图形了。所以，同音词很多的古汉语，在采用借形记音法规定语词的记录符号时，必须有相当的限制。在读甲骨文时，我们看到"隹祖乙"并不会误解为"鸟祖乙"；看见"我舞"并不会误解为"斧子跳舞"，看见"往东"并不会误解为"到袋子里去"，这说明当时人们对借形记音法的运用是大体适当而基本成功的。

用借形记音法规定的语词记录符号，我们称之为"记音字"。例如，🜍是方位词"东"的记音字。但在另一方面，它又是实物名词"橐"的表义字。这样，该字就成为意义上毫不相关的两个语词的共同记录符号，因而具有两种完全不同的字义。由于记音字在汉字这种文字体系形成之时就是必不可少的，所以一字多义的现象也是在汉字体系形成之际就已经存在的。

三、兼及音义的方法

在"六书"的分类法中，这种方法称为"形声"，用这种方法所造的字称为"形声字"。习惯上把构成每个形声字的诸符号分为形符和声符两个部分，但是，从形声字和它所记录的语词的关系来看，声符固然是反映语音用的符号，但也必须有一定的形才能反映语音。形符则是以一定的形反映语义的。所以，分称形符、声符并不能确切表达它们功能上的区别，"形声字"也是一个措词上有弊病的名词。不过相沿已久，现在大家都习惯了，另立新名反而会感到别扭。我们仅改称形符为义符，声符为音符，把兼有义符和音符的字仍称为"形声字"。

一个字只要是兼有义符和音符就可以划归形声字，历来很少有争议。但是，这类字的形成途径是各不相同的，这个问题过去缺乏系统的研究，我们在此试作初步的讨论。

第一种是在原有的表义字上加注音符而形成的形

声。例如鸡字,原作鸡形,又加上记音符号"奚"而成为形声字。耤字原作人踩耒而耕形,又加上音符"昔"而成为形声字。星字原作群星形,又加上音符"生"而成为形声字(图七)。这种现象粗看似与文字简化的要求背道而

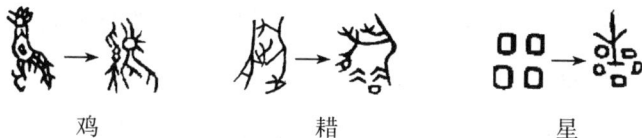

鸡　　　　耤　　　　星

图七

驰,但当时人们之所以那末做总有其必要。比如,同一事物在当时语言中有不同的异称,这一事物的形象符号就可能被识读为不同音的语词,要确指这一符号是记录语言中的哪个词,就会有注音的要求。又如,记录不同词义的形象符号,因为在简化过程中形体相近而容易混淆,也可以加注音符号以资区别,等等。

第二种是在原有的记音字上加注区别词义的义符而形成的形声字。例如借鸟形以记录虚词的隹字,后来加上心形符号或口形符号成为惟或唯,以确指并非记录义为短尾鸟的那个词。又如借鼎形以记录表示卜问之义的动词鼑字,后来加上卜形符号而成为貞(贞)字,以确指并非记录义为三足炊器的那个词。这类字中所附加的义符,

一般不是直接表明词义的，只是表明词义的类属。比如惟、唯中的心和口，只能理解为该字记录的语词与语言有关、与思维有关。贞字中的卜，也只能理解为该字记录的语词与占卜之事有关。这样在原有字上加注义符，也使文字繁化了，但无疑是为了使记录同音异义的字减少混同的现象。

第三种是一开始就采用半音半义法所造的形声字，例如，狼和狈这两个字在商代分别作狼和狈。推测狼、狈之类的动物，要一一分别用图像符号加以区别是很难办的，所以用一个犬形符号表示这两个词所指的实际对象在形体上和犬相近，而分别加上良和贝这两个音符以表明这两个词的不同发音。用这种办法记录语词，既不必对每一个不同意义的词分别造一种特殊形象的符号，又可以避免同音异义词都用同一记音字记录而混淆莫辨。像记录有关树名的语词，不必一一用图形符号表现各种树在形态上的差别，只要用一个木形符号指明是树木一类，再分别加上不同音符，就可以分别造成松、柏、桐、杨等字。记录有关手的动作的语词，不必一一制定表示不同动作状态的图像符号，只要用一个手形符号指明是有关手的动作，再分别加不同音符，就可以分别造成推、拖、拍、抚等字。记录表示心理状态的语词,不必再苦想一些迂回曲折的"会意"办法,只要用一个心形符号指明是有关心理状态,再分别加上不同音符,就可以分别造成怨、愁、怒、忿等字。应该说,这种方法在记录较抽象概念的语词和区别近义异音词方面有突出的优越性,所以应用很广泛。在过去研究"六书"的文字学家中,有人把利用相同义符而分别附加不同音符来记录近义异音词的现象称为"转注"。这跟许慎把"转注"解释为"建类一首,同意相受"的字面意义似乎是相合的,但却解释不了许慎为什么把"形声"和"转注"分为并列的两类。所以恐怕并不符合许慎的原意。

以上只是指出了形声字形成的三种主要途径。实际上,在文字演进的过程中,在表义字上再加义符,在记音字上再加音符,或在已经是形声字的字上再累加义符或音符的现象也是存在的。不过,在这种增加音符或义符的情况中,被增加音符的原有部分是当作义符看待的,被增加义符的原有部分是当作音符看待的。新产生的字仍然被人们看成是形声字。

上面我们讨论了汉字记录语言的三种基本方法。从文字符号和所记录语词的关系来看,可以分为表义字、记音字和形声字三大类。此外,在实际使用文字时还有一个权宜之计的"代用法"。代用又分为两种:同音代用和同义代用。

同音代用,用今天大家都懂的话来说就是写白字。表面上看,这和上述借形记音的造字法似乎是一回事,其实不然。借形记音之所以是一种造字方法,是因为某一语词尚无对应的符号去记录,当人们规定用某一个同音字去记录它时,文字所能记录的语词就增加了一个。比如表示卜问的"贞"这个语词,在借用鼎形的符号去记录它之前,是没有别的记录办法的。在加上卜形符号的贞字还没有产生以前,鼎形符号既是记录"鼎"这个语词的专用字,又是记录"贞"这个语词的专用字。同音代用则不同,是在语词已经各有不同的专用字的情况下,把同音字互相换用。例如,在周代已经有了鼎形上附加卜形的贞字之后,仍然把贞和鼎字互相代用(像把"作宝鼎"写成"作宝贞"之类)。文字所能记录的语词数量也并不因此而增加。所以,在过去的文字学著作中虽然把借形记音和同音代用都称为"假借",但又把前者称为本无其字的假借,后者称为各有专字的假借;或者只把前者称为"假借"而把后者称为"通假",以资区别。本书中把同音代用的字称为"通假字"。

汉语中同音词很多,究竟哪个词应该用哪个专用符号记录,是约定俗成的。所谓通假,就是不按约定俗成的限制而用同音代用的方法来记录语言。但约定俗成的"俗"是在群众性的实践中形成的,也在群众性的实践中改变。今天汉字简化方案中承认的许多写法,在方案公布前就被认为是写白字,例如一元钱的元,从前按规定要写作"圆"的,写作"元"就算白字,文雅一些就是通假。但在方案公布之后却又成了约定之俗。当然,这种改变并非突然发生的,方案在很多地方不过是承认已经改变的实际状况而已。这说明汉语虽然同音词很多,但在允许写白字这一点上还是有弹性的。少量白字的存在,并不影响人们对文字意义的理解,这是因为文字往往不是孤立存在,而有上下文和使用环境可供推敲。今天小学老师批作文,可以不问学生就把他文章中的白字改正过来,恰恰说明学生虽然写了白字,老师仍然可以看得懂。先秦时代的文字远不如后代规范化,专用字的限定并不像后代那末严格,使用通假字的现象是比较常见的。有的通假字我们很容易读懂,例如一件铜鼎上的铭文铸着"作宝贞",我们肯定不会理解为进行一次宝贵的占卜,而明白是指制作一件宝贵的鼎。有的通假字则并不容易读懂。这一方面是因为古代的同音关系是有待研究的,另一方面是因为过多的通假难免引起理解上的困惑。所以同音代用法逐渐被看作不合规范的行为,写白字成了文化素养不高的表现。但同音代用的现象却始终是存在着的。

另一种代用法是同义代用。戴震、段玉裁所说的"转注",就是这个意思。同义代用似乎纯粹是个修辞学的问题。其实,在记录语言时,对于某一没有专门记录符号的语词,往往不得不换用它的同义词(或近义词)的记录符号来记录它。举例来说,东北地区流行一个意思是不干净、不利索的语词,如果用借形记音法来记录,可记为"埋汰"。如果怕人看不懂而改记为"脏",就是同义代用了。事实上,以有限的文字去记录不断变化发展的语言,往往会遇到这类问题。在我们拥有几万汉字的今天,还有不少语词只好用同义代用法去记录。在古代文字体系还远不如现在完备的时候就更是如此了。由此可见,以现存的古代文献去推断古代实际语言,是不能不打折扣的。

在概略地讨论了汉字记录语言的方法之后,我们附带谈一谈汉字历史发展的特点。

就汉字发展的总趋势而言,过去一般文字学著作中多着重谈简化。简化固然是一切文字发展的共有特点,却并非汉字发展的主要特点。

文字的简化有两个方面,一方面是每个文字的简化,另一方面是整个文字体系的简化。现在世界上绝大多数文字都已发展为只用几十个不同符号就能记录一种语言的简单体系,汉字则发展为一种有数以万计的不同方块字的极庞大的体系,这就谈不上简化,而是繁化了。汉字发展之所以走这样一条道路,是由汉语本身特点决定的。

古汉语最大的特点是单音节词占优势。一个词包含的音节越少,当然同音词就越多。汉字是在汉语单音节词占优势的时代产生的,所以采用了一词一字的独特形式。而后来逐渐增多的双音节词或多音节词,多数又是由单音节词的词组逐步固定化而形成的。所以旧有的按一词一字原则制定的字,并不因为双音节词的发达而感到使用上的不便。而且仍是一字代表一个音节。如果在借形记音法的基础上,普遍使用同音代用法,按说汉字也可以发展成为类似于日文假名那样的相当简单的体系。在这个意义上说,通假字的发达是一种自然的进步要求。

我们今天看到的战国到汉初的古文字资料中，正表现出通假字发达的倾向。

然而，汉语中同音词特别多这一点，限制了这种趋势的进一步发展。即使在现代汉语中双音节词已占绝对优势的情况下，我们如果规定每个不同音节都只用一个字记录，写出来的文章，仍然是会成为一种像智力游戏似的颇费猜测的东西。所以同音代用法不但绝不可以发展到排除一切异形同音字的地步，而且只能限制在相当小的范围。这样，既含记音成分而又用义符保留与词义联系的形声字，由于在区别异义同音词方面的优越性，得到广泛的发展。

汉字在发展历史中还有一个特点，就是在记音倾向还没有很明显时，已经通行于方言语音差别很大的广大地域。它要进一步向记音化发展，势必表现为各个方言区按各自语音的同音关系来写通假字。这就好像今天上海的商店里可以把"弹簧"写成"弹王"，沈阳的食堂里可以把"炒蛋"写成"炒旦"。但如用沈阳语音读"弹王"或用上海语音读"炒旦"，就会莫名其妙。这种在各自地区来说分明是进步的趋势，却造成了整个汉字通行的障碍。所以，复杂的方言差别是汉字向记音化发展的另一障碍。

战国至汉初是通假字和形声字争胜的时代。由于汉语本身的特点和具体的历史形势,通假字输给了形声字,记音化的倾向被抑制了,形声化的倾向则不断发展。结果是,汉字一直保持着意音文字的体制,而形声字占的比例越来越大。不但新造的字绝大多数是形声字,原有的非形声字在发展中也大量改变为形声字。因此,汉字发展的总趋势应该说是形声化。直到晚近的汉字简化方案中才又表现出某种程度的记音化的倾向。

第二章

考释古文字的途径

了解历史上汉字记录语言方式的特点，只是识读古文字所必需的基础知识。单有这种知识并不就能正确地考释古文字。能否正确地考释古文字，具有决定性意义的是研究的路子和方法正确与否。究竟什么是正确的路子和方法，检验的标准只有一个，那就是古文字研究的实践。这里，只提出几个最根本的问题讨论一下，以引起初学的同志们的注意。

一、考释古文字的主要出发点——字形

每个汉字都有形（怎么写）、音（怎么读）、义（怎么讲）三方面的属性。说考释古文字要从形、音、义三方面全面考虑，那当然是很周到而稳妥的提法。可是，对于每一个我们尚不认识的古文字，究竟应该如何去着手研究呢？

实际上，每一个古文字在未被认识之前，我们所能知道的只有两方面的事实：第一，它的字形；第二，它用于何处，出现于什么样的文句之中，即所谓辞例。我们考释古文字当然只能从它们本身所提供的这两方面情况（客观依据）出发。

著名古文字学家于省吾先生一贯提倡的"以形为

主",其实质就是主张在考释古文字时,把客观存在的字形作为主要的出发点。也就是说,把研究的基点放在找出不识的古文字跟已识的字在字形上的联系。根据确定无疑的字形联系,才可以从本来已识之字的音和义而推知本来不识的古文字的音和义。当然,提倡"以形为主"并不否定辞例在考释古文字中的作用。只是主张在考虑问题时把字形放在第一位。

但是,在古文字研究史上,对字形的分析研究还缺乏成熟方法的时候,不少研究者往往是把辞例作为研究的主要出发点的。这种情况,就好像遇到不识的字不是根据字形去查字典,而是单凭上下文去推测它是什么字或什么意思。当然,用这种办法有时也会猜对一部分,所以有人就把这样的推测当作考释古文字的一般方法来使用。唐兰在《古文字学导论》中把这种方法称为"推勘法"。但他指出:"这种方法认得的文字,不一定可信",认为这种方法虽有"帮助我们去找出认识的途径"的作用,但"要完全认识一个文字,总还要有别种方法的辅助",并强调了"在研究的时候千万不可抛开了文字的形体"。

为什么单靠辞例推断不识的字为何字不一定可信呢? 这是因为辞例这一客观存在往往只是使我们在考虑

不识的字为何字时，能有一定的范围，但并不是缩小到唯一的可能。举例来说，假如有一个我们不认识，只知道它后面可连着灯字，那末按现代语言推测，可能是红灯、绿灯……，也可能是点灯、关灯……。但如果又知道它和旗字连用，则至少就可以把点、关等可能性排除了。倘若还知道它又和雪字连用，就进一步又可以把红、绿等可能性也排除在外。总之，同一个字的不同辞例越多，可以把考虑的范围限制得越小。然而即使范围步步缩小，也还存在多种可能性，例如在上面举的例子中，仍有白、小……等不同可能。而且，还不能保证所限定的范围就十分可靠。比如，谁能说就绝对不会出现红雪呢？在研究古文字时，由于我们对古代语言知道得很不全面，要想根据某字的辞例去限定它可能是什么字的范围，就更难有十分的把握了。因此，要论定某个不识的古文字究竟是什么字，仍然要看该字的字形到底是和哪个已识之字是联系着的。如果找不到字形联系的可靠依据，则对该字是什么字仍然只能停留在猜测的阶段。充其量不过能提出某些假定，硬要作出结论就难免武断了。

反过来说，不识的古文字的字形固然是客观存在的，单凭它与已识之字的字形联系，也并不能保证识读是一定可信的。这是因为,我们如果看到一个古文字而感到不认识,一定是它在字形上和已识之字有某种差异。所以,确定未识之字和已识之字在字形上的联系,并非简单的等同,而是异中求同。然而,某个未识之字往往可以发现跟不止一个已识之字在字形上都有一定的相同之处。从而跟不止一个已识的字都可以说有字形上的联系。因此,从字形联系的观点来看,未识的古文字究竟是什么字,也往往不是只有一种可能性。在字形研究的方法还比较幼稚、粗疏的时代,研究者往往更多地依靠辞例所能作出的提示,来决定把未识之字和哪个已识之字作字形上的联系分析。即使是在字形研究方法比较成熟、精密的今天,也不能担保单凭字形联系就得出唯一可靠的结论。一方面,在考虑未识之字究竟和哪个已识之字作字形上联系分析之时,仍然要参考辞例的提示。另一方面,用字形联系的方法判定原来未识之字为何字之后,一定要放到已知的各种辞例中去,看看是否能够讲得通。能讲通了,才表明结论是可取的。

这样说来,字形和辞例这两个方面都是不容忽视的。那又为什么要提出"以形为主"而强调把字形作为研究的主要出发点呢?

我们要看到，字形是每一个字本身所必具的客观属性，而辞例则只是该字和其他字的外部联系。每个不认识的古文字总有其一定的字形，但可以没有辞例而单独存在。而且，即使是在有辞例的情况下，跟上下文中的其他字的关系，往往是可以作多种理解的。一个极明显的例子是：在先秦时代文句中不使用标点符号的情况下，假设不同的句读方式就可以使文句中相连诸字的关系发生很大的变化。而字形则是不能变动的。更进一步说，我们对某个字的辞例的认识是建立在字形的认识之上的。对于不认识的字，只有首先认真辨认其字形，才能正确地归纳出确实含有该字的全部辞例。否则，很可能会把字形大同小异的不同字的辞例当成同一字的辞例，在研究中造成混乱。特别要强调指出的是，实践经验表明，在考虑一个不识的古文字究竟为何字时，辞例所能限定的范围往往比字形联系所能限定的范围要大得多。而且，由于我们对古代语言的了解，对古代字音和字义的历史变迁的了解都是不全面的，因而根据辞例推断一字为何字，跟该字实际是哪个字，往往有极大的差距。所以，只有把字形的研究放在首位，才能得出确切的结论，并不断获得对古代语言和文字方面的新的知识。

因此，识读古文字应该把字形作为出发点，研究中把基点放在未识字和已识字的字形联系分析上，而把辞例作为参考和辅证。决不能把字形研究降为推勘法的辅助手段。

杨树达在他的《积微居金文说》一书中，谈到他考释古文字的方法时说："每释一器，首求字形之无牾，终期文义之大安。"这是从字形出发着手研究，很对。所谓"期文义之大安"就是要求认出来的字放在具体的辞例中能讲得通，这个主张也是对的。但是，如果基于字形研究得出的结论与辞例看来有矛盾时，他的主张就值得商榷了。他说："字形虽近是而文义不可通者，非真是也。"因为他的措辞是"近是"，可以理解为把未识之字和已识之字在字形上联系起来时不够正确，因而结论和辞例发生矛盾。真是这种情况的话，他的提法是对的。我们理应尊重客观存在的辞例，这可以帮助我们发现字形研究中的差错。但是，从字形研究得出的结论和辞例看来有矛盾，并不一定都是因为字形联系有差错，也有可能是字认对了，而我们限于对古代语言文字的了解水平或因为对辞例理解错了，所以感到读不通。因而，当我们觉得从字形研究得出的结论和辞例矛盾时，一方面应该检查字形联系上有无差错，一方面应该考虑我们在文义理解上是否有问题。如果经过这两方面的努力而仍然不能消除矛盾，则应采取存疑的态度留待将来进一步研究解决。杨树达却片面强调辞例的重要性而提出了"屈形而就义"，主张"当以文义定字形，不当泥字形而害文义。文义当，则依字读之可也，依字不通，则当大胆改读之。近代释铭文者似未明了此义"。

这种"以文义定字形"、"屈形就义"的方法，究竟是怎么一回事呢？我们以杨树达自己举的一个例子具体分析一下就明白了。在盂卣（音有，商周时代的一种盛酒器）这件铜器的铭文中，记载兮公（人名）赏赐盂（人名）"鬯𣝔贝十朋"。罗振玉、于省吾、吴闿生等人都把𣝔按字形和小篆𣝔联系起来，读为束。如按辞例来检验，古汉语中把数词和量词放在名词之后是常见的惯例，"贝十朋"就是十串贝，"鬯束"就是一束鬯。鬯在古书中有香酒和香草两种解释，在这一具体辞例中，如取香草之义，全辞是完全可以讲得通的。但是，杨树达却偏偏只相信古书中鬯为香酒这一种说法，咬定"鬯非草也"。又因为《诗经》和以前发现的铜器铭文中，凡赏赐鬯都以卣计，所以本铭的"鬯束"就和已知的辞例"不合"。按他这样理解，𣝔释为束就"文义不可通"了,所以应该"大胆改读之"。他认为,※字可以跟下面的贝字连读,古人常把龟贝连举,所以从辞例上可释※为龟。于是,他得出了"以文义定字形"的结论:"盖※象人从上下视龟背之形,头尾四足具,非束字也。"

从这个例子中就可以看出他在思想方法上的某些特点:以前我所知道的辞例只能证明鬯是用卣装的酒,所以鬯就一定不能是香草。既然古人常把龟贝连称,所以贝字前面的※字就应该是龟字。其实只要稍稍多考虑几种可能,那就不一定把※释为龟了。比如,即使把※字和下面的贝字连读,如果考虑到铜器铭文中赏赐贝的记载往往在贝字之前加上表明其来源的地名,那末,※字就也有可能是地名,释为束就不见得有什么"文义不可通"(因为谁也不敢担保当时决无一个地名叫"束")。又何必要改读为别的字呢?再比如,即使认为鬯一定是酒,仍可以假定※字也应该是一种盛酒器。既然可以"以文义定字形",我们一定要说它就是卣字也未尝找不出办法——"盖※即人从上下视卣之形,〇其腹围,丨其提梁,×其外壁之扉棱"。由此可见,根据同一辞例原可以作出多种多样的推测。如果主张考释古文字可以"屈形而就义",势必使识读古文字成为随心所欲之举。

有的人认为，从孤立的辞例去推测不识的古文字可能是什么字，显然是不科学的。但是，如果不识的甲字和已识的乙字辞例是相同的，单凭辞例上互相对照就可以把甲字比定为乙字。因而，他们把这样的推勘法当作识读古文字的一种重要方法。实际上，这种辞例上的互相对照，虽然能对识读不识的字提供线索，并不能最终确定不识的字究竟是什么字。举例来说，周代金文中常见"𧴪寿"一辞，寿上一字的字形有多种异体（见图八），而《诗经》中常见"眉寿"一辞，金文中常有"𧴪寿万年"或"万年𧴪寿"连称的辞例，跟《仪礼》的"眉寿万年"相合。宋代的考释家就已经根据辞例对照而推定寿上的这个不识之字应该是眉字了，直至容庚编《金文编》也把该字收在眉字条下。但是，"𧴪寿"相当于"眉寿"虽然是肯定无疑的，金文中寿上的这个字的各种写法却跟眉字是大不相同的。有人用"屈形就义"的办法，把下图3这种写法解释成"乊象两鬓，二象额理，∩即二眉，𧘝为人面与须之形，其为古眉字可以无疑"（强运开《说文古籀三补》）。但这样牵强附会的字形分析毕竟难以令人信服。后来，对该字的各种形体作了进一步分析，可以看出下图1是最复杂的写法，象人沐浴之形,下图2、3是省去下部的盆形,又可省去手形或水形而成图中4、5等形。图中6、7则是省去了上部双手持盆倾倒之形。上下两盆均省去而作图8形的,跟《说文》所收录的沬字的"古文"字形相合。因此,该字应该是沬(古代沬、沐两字通用)字的原始写法。沬和眉古音相近,所以可以互代,但并不是一个字。由此可见,要确定不识的字为何字,还是要从字形上和已识之字找联系,单凭辞例对照是无能为力的。

图八

单凭辞例而推定甲字为乙字,其危险性是显而易见的。拿现代的红、白两字打个比方,这两字可以组成红旗和白旗、红血球和白血球、脸发红和脸发白等许多完全对应的辞例。如果红字我们不认识,根据这些辞例推定红字就是白字,当然是荒唐的!在古文字研究中,由于我们往往只能得到数量有限的辞例,靠这样的辞例对照去确定甲字为乙字,还有什么科学意义可言呢?所以,要想证明甲字是否为乙字,只有当甲与乙在字形上确能找出联系,才可以用辞例相同作为旁证。如果把辞例作为主要依据,那就不但会把只有同音关系的沫当作眉,还会把音义都不相同的红当作白。而且,特别应该注意的是,千万不要把辞例相同而形体又相近的字混为一谈。拿甲骨文中的♉(牛)和♈(羊)这两个字来说,在甲骨文中有许多辞例是相同的,这两个字的下部形体又是一致的。假如有人说这两个字因为辞例相同,所以都是羊字,至于写法不同是因为羊角有下卷者也有上举者,岂不是也言之成理吗?我们不相信这种说法的根本原因,是因为在我们已认识的小篆中,屮和羊是音义不同的两个字,而♉和♈在字形上是分别和这两个已识之字联系着的。因此,不管有多少相同的辞例,也绝对不能是同一个字。

不过,也应该看到,辞例对正确地把握未识字的字形是有帮助的。以甲骨文中的☰(气)字为例,初期古文字学者并没有发现它和☰(三)字字形有什么不同,便误释为三。经过辞例比较,才发现该字并不用作数字,并认识到它字形的特点是中画特短。这就是通过辞例的比较认清了它在字形上跟三的同中之异,才改释为彡、川等字,而终于正确地和☲、☱、☳等字形联系起来,和小篆气字确定了历史演变的关系。再以甲骨文中的ᕩ、ᕫ两字为例，ᕩ字和小篆的ᕫ（以）字很容易联系起来，而ᕫ字则长期被误释为氏、氐。经过辞例的详细比较，发现两种字形的辞例有很多是一样的，在字形演变方面又认识到有"截除性简化"（详下章）后，终于认出ᕫ就是ᕩ的更原始的字形。这就是通过辞例比较认清了ᕫ和ᕩ在字形上的异中之同，才正确地把ᕫ也释为ᕫ（以）字。

近年来，由于战国简牍的不断出土，有很多地下古文字资料可以和传世古籍逐句对读。因而，辞例对于提示不识古文字为何字的作用显著增加了。也可以说是辞例限定不识古文字为何字的范围更缩小了。但是，这种提示、限定作用仍须在字形联系上能够讲得通，才能得到认定为某字的结果。否则，过去在鄂君启节铭中见到过的"岁罷返"的罷字，由于郭店楚简《五行》中引《诗经·鳲鳩》"淑人君子，其仪一兮"作"淑人君子，其仪罷也"。可确证罷用作一二三四的一。可是罷为什么可以用作一，现在仍没有肯定的解释，正如李学勤所说，是"知道答案还是莫名其妙"，不能最后解决问题。

在考释古文字时，只有一种情况可以借用杨树达所说的"不当泥字形而害文义"，"依字不通则当大胆改读之"来处理。那就是，我们要识读的古文字本来是个错字。打个比方说，现在汉字中己和已是两个形体不同的字，但如果我们看到"我己经看过这本书"这样的辞例，一定会判断己是写错了的已字。古代人也一样是会写错字的，就是铸造的青铜器铭文也有错字。或者，铸范上字形本来没错，经过浇铸走了样。在这种情况下，辞例是纠正错字的重要手段。即使是在这种场合下，辞例也不是纠错的唯一根据。就上面所举的例子来说，"己经"固然读不通，所以可以考虑是错字，可是，为什么我们不认为己是曾字之误呢？这是因为己和曾在字形上并无关系。所以，我们并不能不顾字形本身而单凭辞例就决定它是什么字的错字。考释古文字时也是同样的道理。不过，我们对于古代的字形、辞例的了解，远不如对现代字形、辞例那末全面。所以，在利用辞例作为纠正错字的手段时，更应谨慎小心。如果不立足于客观的字形而主观地大胆改读，往往只能造成更多的新的混乱。

综上所述，在字形和辞例这两个客观存在中，我们必须以字形为研究的出发点，即以形为主。一个初学者如果一开始就信从"以文义定字形"、"屈形就义"，必将误入

第二章　考释古文字的途径

歧途。

二、研究字形的根本方法——历史比较法

以形为主，是就如何正确对待字形和辞例这相关的两个客观事实而言的。要识读未识的古文字，应该把该字的字形而不是辞例作为首要的出发点，把基于该字字形的分析而不是基于辞例的推断作为主要的立论根据。但是，如果以为只要对这个字本身的字形苦思冥想，就可以确定它是什么字，这是对以形为主的极大误解和歪曲。

古文字的图形性往往很强，这使某些研究者误以为可以用看图识字的办法来确定它是什么字。他们不懂得：文字和图画的本质区别，就在于每一个文字都已经是约定俗成地承担特定的音和义的符号。即使是最写实的图形符号，如果不能在形体上和后代已识之字联系起来，就不可能确知是什么字。图九所示，最原始的豕字的字形，今大小孩一见也会说："这是猪!"但我们为什么不认为它就是猪字，也不认为它是表示猪的彘、豚等字，而只承认它是豕字呢？这是因为，除了它本身的字形外，我们还认识到它在历史演变上只能和小篆中的豕字的字形相

联系,所以确定它是豕字。图九所示最原始的女字,显然

（小篆"豕"）

（小篆"女"）

图九

是一个人跪坐的图形。我们也是从字形的历史演变而把
它和小篆的女字联系起来,才确定它是女字的。否则,单
就原始图形而言,说它是跪或坐字,又有何不可呢?构造
较复杂的字,就更难从字形推定它的造字本意了。例如,
有人根据商代有🐚字,说商代已经有崇拜货币的观念。
这是只看到这个不识之字是在贝形符号旁有一个跪坐的
人形,就认为这是一个人向货币（商代用贝作为货币）跪
拜的表义字。可是,我们既然不能找出它和后代已识之
字在字形上的联系而确定它是什么字的前身,又怎能敢
说它一定是个表义字呢? 难道不可以假定它是"从贝,卩
声"或"从卩,贝声"的形声字吗? 所以,即使我们能确认
图形符号是表现什么实物或什么动作,如果找不出它和
后代已识之字的字形联系,就会陷于公说公有理,婆说婆
有理的困境,根本无法确定是什么字。至于对一些尚不

能肯定是表现什么实际物象的图形符号，说它像什么就算什么字，那就更是毫无边际的猜谜游戏了。我们之所以反对把辞例当作识读古文字的主要出发点，正是因为一旦先从辞例得出了错误的成见，明明是束字的米也会看出象龟形之处，明明是沫字的彎也居然能说成是象眉形。如果像某些研究者那样，干脆置辞例于不顾，专就不识之字本身的字形，天马行空似地驰骋其丰富的想象力，对古文字研究来说实在是可怕的。

正确的研究字形的方法，是从要考释的古文字的字形出发，跟已经认识的字的字形进行对比。从商代的古文字，到秦代的小篆，有的字形体基本未变，有的字变化不大。这部分古文字是容易由字形对比而认识的。唐兰在《古文字学导论》中说："因为周代的铜器文字和小篆相近，所以宋人所释的文字，普通一些的大致不差，这种最简易的对照法，就是古文字学的起点。一直到现在，我们看见一个新发现的古文字，第一步就得查《说文》，差不多是一定的手续。"正是说的这方面情况。另有不少字形体的变化较大，靠简单的对比不易发现同一个字在古文字字形和小篆字形之间的关系。但这种字形上的差异既然是历史演变的结果，我们如果按时代次序逐步探索，发现这些演变的一个个中间环节，就可以找出未识的古文字和某个小篆字形的渊源关系，从而确定其为某字。无论字形变化大小，我们总是通过把后代已识之字和前代未识之字按时代顺序逐次比较其字形，以达到识读未识之字的目的。所以，本质上都是历史比较法。这是我们认识古文字的唯一的科学途径。

已识之字和未识之字都是有字形的。所谓"已识"是指字形所代表的音和义是已知的，"未识"是指字形所代表的音和义是未知的。历史比较法的实质是通过字形的比较建立未识字和已识字之间的桥梁，从而由已识字的音和义推知未识之字应有的音和义。而且，这种比较必须在相近时代的字形之间逐次进行，才能从历史上弄清每一个字的形体逐步演变的情况，建立起可靠的桥梁。要识读商代文字，拿已识的西周文字去作字形比较，当然比隔了一千年的小篆字形更可靠。倘若拿三千多年以后的现代汉字去比较，势必会把甲骨文中的十（七）认作十、太（王）认作立、丅（示）认作丁、甾（甾）认作由……，闹出一大堆笑话。

要能够对不识之字的字形进行历史比较法的研究，最基本的前提是研究者要尽可能全面地熟悉已识字的字形。这样才能使这种比较研究建立在坚实的基础上。在古文字研究的初期，已识字主要是指《说文》收录的小篆、大篆、籀文和古文。随着古文字研究的不断发展，已识字已扩大到先秦时代的大量古文字，至少可以上溯到商朝武丁时期。对于每个有志科学地进行字形研究的初学者，熟悉小篆及小篆以前全部已识字的字形是必须具备的第一层基本功。

第一步当然是读《说文》，掌握《说文》所收的小篆、大篆、籀文和古文的字形。因为其他已识的先秦古文字，从本质上说，都是和《说文》字形进行历史比较而得出的研究成果。在熟悉《说文》字形的基础上，应该尽可能多地掌握已识的先秦文字的种种字形。对初学者来说，可以先读《古文字类编》（高明著，1980年中华书局出版。此书2008年上海古籍出版社出版了涂白奎参编的增订本）这样的择要兼收各类先秦文字的字汇，进而再读《甲骨文编》、《金文编》、《古陶文汇编》、《石刻篆文编》、《古玺文编》、《先秦货币文字编》、《战国文字编》、《楚文字编》……等分类详收先秦文字字形的字汇。总之，只有熟悉了小篆和小篆以前已识的古文字的字形，在对未识的古文字的字形使用历史比较法时才能有可供比较的丰富资料。

否则,那是巧妇难为无米之炊的。

单就这条基本功来说,功夫的深浅是大有讲究的。一个平常人,只要肯用功,用不了半年就可以把《说文》和现有先秦古文字字汇中已识字的字形全部摹写一遍而达到相当熟识的程度。但是,这样的基础还是很浅的。

第一,从精确地掌握已识字的字形来说,《说文》所收的字形,因为历经传抄、翻刻,在我们今天能见到的各种版本中,同一字的字形或有不同。有的不同,对理解该字的构造关系不大。例如上文提到过的沫字古文作🈂️,是徐铉校定本上的写法,徐锴系传本上作🈂️,但州和川都是水旁,这种差异可以不必深究的。有的不同却相当重要,例如羍字,徐铉本的正篆作🈂️,《四部丛刊》影印的徐锴系传本作🈂️。最近裘锡圭根据作🈂️这一字形,找出了甲骨文未确识的🈂️和羍字的字形联系。如果只看过徐铉本《说文》的人,就不可能发现这种联系。要收罗《说文》的各种版本,对异形字进行排比和校订的工作量还是有限的。在各种先秦古文字字汇中,所收录的字形大都是经过转摹的。编这类字汇的人即使主观上是力求精确地转摹,但由于客观的(例如原字不清晰)和主观的(例如摹写者判断失误)两方面因素,难免会发生一些差错。在摹写态度非常严谨的《金文编》中，仍有这种误摹存在。例如或字，明公簋这件铜器上原作 戓，是 ↿（弋）和 ⊖（城邑形上下加界线）两部分构成，被误摹成从戈从 ○ 从 一 的 戓（域）。在"林"字条下，所收的 ᖡᖡ 形，实际上是把从林从堂的古"棠"字——ᛘᖡ——拆为两字，而把堂旁的上部两笔和林旁错误地判断为一字了。至于《续甲骨文编》，摹错的字形就比较多。要发现这种错误，只有逐一核对原著录，有些搞不清的地方，还要核对原拓或原件。这方面的工作量就很大了。

第二，从掌握全部已识的字形来说，今本《说文》在历代流传中是有摹误和脱漏的。根据别的古书转引的字形或字条来对今本《说文》作补正工作的成果，是应该注意掌握的。但更重要的是，随着古文字研究的不断发展，先秦古文字中已识字的数量是不断增加的，对每个已识字的多种字形的了解也在不断增加。拿《金文编》来说，它的初版本是 1925 年印行的，1939 年增修再版，1957 年又增订重印，1985 年又修订再版。1985 年以后新认识的金文，这部字汇中当然查不到，1985 年以前一部分已识之字，在 1985 年之后又发现的新的字形，在这部字汇中也是查不到的。其他的字汇也都存在这类问题。所以，除了读这类字汇外,尚需不懈地广泛收集新发现的古文字资料,随时注意古文字研究中的新成果,才能尽可能全面地掌握已识字的字形。

第三,已识字是否真的已识,是需要加以分析的。我们说《说文》所收的字是已识的,也只是一个大概的说法。许慎对《说文》所收的字形几乎全部都有字义的说明,但对字音就没有系统的标定。后人对《说文》所收字全部加了反切式的注音,又经历代说文学家的多方研究,以致我们现在查《说文解字诂林》时,差不多每个字形都可以找到字音和字义的说明。后人的研究表明许慎对字音字义的判定并不都是正确的。我们今天对《说文》所收字形的音和义两方面的认识,当然也不是百分之百都确定无疑的。至于其他先秦古文字中的已识字,情况就更复杂了。初学者一开始只能把各种字汇的编者所判定的已识字当作已识字。其实,那并不全都是确切可靠的。随着古文字研究能力的逐渐提高,慢慢就会发现有些已识字是识错了的,有些已识字则是证据不足而难以肯定的。还有的字识对了,但在列举该字的各种字形时,把不是这个字的字形也混了进来。如果我们不能发现这些错误,先给某些字形判定了错误的音和义,在运用历史比较法去研究不识之字的字形时，再把这种错误的音和义转嫁到另外的字上，只能得到越来越错的结果。然而，对自己所掌握的已识字是否确切可靠的检验能力，是需要长期的努力才能逐步提高的。

全面掌握已识字的字形，只是提供历史比较法所需要的资料。如何才能利用这些资料同不识之字的字形建立正确的联系桥梁，则不但要有逐步积累的经验，更需要从丰富经验中得出的规律性认识。初学者可以从总结每一个已识字已知的字形历史演变实际情况出发，逐步认识字形历史演变有哪些一般性的规律。这是每个有志科学地进行字形研究的人必须具备的第二层基本功。关于字形历史演变的一般规律，我们在下一章里是要专门讨论的。这种讨论对初学者来说，或许有一定的启发和帮助。但是，只有亲自对一个个已知字形的历史演变系列加以细心考察，通过自己的思索去分析它们的共性和个性，才能深切地、活生生地掌握字形历史演变状况，初步把握其规律，而不把它们变成干巴巴、死板板的条条框框。有了这样的理性认识，才能在复杂多变的字形现象中独立地使用历史比较法去正确识读不识的古文字，在这种实践中获得新鲜的经验，不断丰富和充实我们对字形历史演变规律的认识。

历史比较法是研究字形的唯一科学方法，但并不是承认并使用这个方法，就可以一下子认识所有的古文字。有人看到现在还有那末多古文字未被识出，就否认有考释古文字的科学方法，这就如同因为世界上还有数以亿计的老鼠便怀疑猫能捕鼠一样。

目前的实际情况是，已发现的大量先秦古文字中，有二分之一以上我们还不能确定它们是《说文》中的什么字。而《说文》所收录的字中，约有三分之二的字我们还没有在古文字中找到它们的祖宗。因此，用历史比较法去解决古文字的识读问题，还有非常广阔的前景。目前这种祖孙父子互不相认的局面，从大的方面来说有两种原因：

第一，现有的古文字资料已经提供了认识它们如何传宗接代的可能，因为研究者对这些资料缺乏系统的整理和分析，所以还不能就这些资料编成符合实际的家谱；第二，现已发现的古文字资料，对于全部曾经存在过的古文字来说，只是零星而片断的一小部分。许多能反映某字演变中重要环节的字形湮灭了，有的则仍埋没于地下。这样，我们虽然见到了某字的"祖"，也见到了某字的

"孙"，但因见不到承上启下的中间世代，一时还看不出它们原是一家人。因此，承认历史比较法的研究者，总是一方面尽量收罗已发现的古文字字形，尽可能系统化和条理化地加以整理；另一方面则热切期望着新的古文字资料的发现，来填补我们认识上的大量空白。

但是，是不是每一个古文字都能在《说文》小篆中找到自己的"子孙"呢？不尽然！每一时代通行的文字是当时语言的记录符号，随着旧有的语言退出历史舞台，一部分字也就"断子绝孙"而成为死字了。像《说文》木部所收的记录农具名称的杷、枰，记录容器名称的榹、椑，我们今天根本不用了。不过后代编字典时，总要把前代曾经有过的字都收罗进去，因此我们现在还能知道许多死字曾经有过的音和义。先秦古文字中肯定也有一部分字到小篆时代已经"断子绝孙"了，小篆中也就找不到能与之对应的字。这类在小篆以前就死亡的字，在《说文》中当然找不到它们的"子孙"。在《说文》以前既没有系统记载字音字义的字典，单凭残缺不全的辞例又难以推定它们的音和义，这样的字是很难进入已识字的范畴的。另外，《说文》收录的字，并不能包罗秦汉时通行的全部文字，而且《说文》已收录的字，在流传过程中还有脱落的。因此，有的古文字只好到《说文》以外的秦汉文字中去找"后代",确定其音其义则要靠其他后代字典帮忙了。

是不是每一个《说文》所收的字都能在先秦古文字中找到自己的"祖宗"呢？也不尽然。因为语言中经常产生新的语词，需要创造全新的字去记录它们，这类新字是不可能在前代文字中找到"祖宗"的。例如，们字是元代汉语受蒙古语影响在复数人称名词和代词后加上后缀才制造出来的专用字，碳字是近代化学传入中国后记录一种元素而创制的专用字。在《说文》中当然不会有这类字的"祖宗"。按同理推论，《说文》所收诸字在先秦古文字中也肯定不会都有"祖宗"的。

值得注意的一个现象是，后代创造的新字，也会在字形上同前代已有的另一个字雷同。例如，铝字是近代化学传入中国后为记录一种金属元素名而创造的形声字，字音是由该元素的拉丁文 Aluminium 的一个音节而定的。然而，在周代金文中却早已有鋁字，字形上也是从金从吕。从辞例可以推定两点：（一）它可以省成吕，所以应该是从金吕声的形声字；（二）它是铸造青铜器的原料（最有可能是唐兰所推测的由矿石冶炼成的粗铜料块）。这个字早就"绝后"了，所以《说文》里找不到这个字。在汉代的《方言》一书中我们还可以见到一个铝字，但那是《说文》所收的鑢字的异体，其义为错（以金属丝嵌入另一种金属器再打磨成平滑的表面），跟金文中的铝字不是一回事。历代的字典中所收的，都是这个义为错的铝字，而不知春秋时代还有个名词性的铝字。当为记录 Aluminium 这种金属元素而创制铝字时，义为错的铝字也早已是书面文字都不再使用的死字，因而字形上的雷同并不会引起音义上的混淆。但是，如果单从字形的历史比较来看，这三个字是会被误以为同一个字的。懂得了这个道理，我们就不会把历史比较法的作用夸大到不适当的地步。

我们说历史比较法是唯一科学的方法，是专指研究字形这一范围而言的，但文字是兼有字形和辞例两方面客观现象的。在强调以形为主的同时，决不应带有轻视辞例作用的意味。我们已经指出过，辞例对基于字形的研究是有制约和检验作用的。单从字形历史比较来看，把春秋时代铜器铭文中的𨥨字跟《方言》一书中的铝字以及现在化学元素表中的铝字联系起来是没有问题的，因而把错这种字义或银白色轻金属这种字义转加到𨥨字上是有道理的。但在"择吉金铁鐳锛铝，用作铸其宝镈（与钟类似的悬击乐器名）"（叔夷镈铭文）和"得吉金镈铝，以铸和钟"(余义钟铭文)这类辞例中,铝显然不可能赋以错义,也不可能是指现在我们说的铝(因为青铜器是铜和锡或铅的合金,当时的技术条件也根本不可能炼出铝,这两件乐器本身也不含铝)。因此,从字形的历史比较而得到的结果,理应经过辞例的验证,才能视为定论。在现有的先秦古文字字汇中,有相当一部分字是没有辞例或只有很残缺的辞例,单凭字形的历史比较而定为后代的什么字的。这部分字的识读是否正确可靠,是有待进一步验证的。

三、历史比较法的主干——偏旁分析

初期的古文字研究者,在进行未识字和已识字的字形比较时,往往是把整个字的字形作笼统而粗略的对照,大体上相像的两种字形就被认为是同一个字,因而造成了很多错误。后来的研究者,越来越重视对字形作仔细的分析比较。逐渐地,偏旁分析成了古文字研究者公认的一种方法。但各人所提倡的"偏旁分析法"实有不同的含义,并无统一的定义。从找寻未识字和已识字的字形联系这种观点来看,偏旁分析是从属于历史比较法的重要手段。也就是说,应该从文字可分解为偏旁的角度去进行字形的历史比较。这不仅使字形的对比趋于精密合理,而且在处理复杂而众多的字形现象时起到以简驭繁的作用。

汉字从它原始构造来说,有的字是一个不可分割的图形符号,即所谓独体字。更多的字是由两个以上的这种图形符号复合而成的,即所谓合体字。这一个个本身不能再加分割的图形符号,是构成全部文字体系的基本单位。文字的数量虽多,构字基本单位的数量却是有限的。许慎在《说文》中把独体字称为"文",把合体字称为"字",其基本思想就是根据小篆及许慎能见到的小篆以前的文字形体,一方面阐述每个"文"的原始图形所表现的意思,一方面解析"字"是由哪些基本单位合成的,每一构字单位各在记录语词的义和音中起什么作用。虽然在具体说解中有种种错误,但他力图把全部汉字还归为数量有限的构字单位,这在汉字研究史上功劳极大。在《说文解字》一书中,他创造了以构字单位为线索,把汉字分部统属的办法,一共分了五百四十部,每一部的第一字即部首,是一个构字单位,该部中所有的字都是他认为含有这一构字单位的。唐宋以来,《说文》的部首又被称为字原或偏旁。但是,在《说文》中被列为部首的构字单位,并不都是不能再分解的最基本单位。例如,有田部,有土部,而从田从土的"里"也被列为部首。所以,章炳麟主张把偏旁和字原区别为两种不同含义的术语,用字原来表示不能再分解的最基本构字单位。日本学者高田忠周的《说文字原谱》析出的字原共一百四十七个。他的分析虽有不少可商之处,但可以看出字原的数目远比部首要少。

但字原一词至今未能流行。我们今天在分析古文字字形的构成单位时,普遍使用的仍是偏旁一词。现在使用偏旁这一术语时,当然并不受《说文》原分五百四十个部首的限制,但也不是只指最基本的构字单位,而是泛指一切具有相对独立性的构字单位。举例来说,"召"是可以分析为刀和口这两个最基本的构字单位的,刀和口当然都是偏旁。但在招、昭、诏、沼等字中,"召"是作为一个整体承担音符的职能,所以召也是偏旁。因此,我们今天所称的偏旁,实际有基本偏旁(如刀和口)和复合偏旁(如召)之分。每一个独体字,都可以看作是只含一个基本偏旁的字。应该指出,先秦古文字中实际存在过的偏旁,在发展到小篆阶段时,已有不少被淘汰掉了。因此,研究古文字字形时,还会遇到很多《说文》里找不出来的偏旁。

把汉字分析为偏旁,是按汉字原有的结构来研究汉字,因而是合乎实际的,是科学的。既然众多的文字都是数量少得多的偏旁构成的,在考察字形演变时,首先考察各个偏旁的形体演变,无疑是提纲挈领的好办法。

对初学者来说,在阅读《说文》时,从许慎把合体字分析为从×从×、从××、从××声,可受到偏旁分析的初步训练。从而在熟悉小篆及小篆以前的已识字的字形时,可利用偏旁分析来加快对字形的掌握。更进一步,在把每个已识字的全部字形按时代排列起来了解其历史演变之时,应将全部已识字中可析出的同一偏旁的各种形体也按时代排列起来,了解每个偏旁的历史演变。这样,在遇到不识的古文字时,也从偏旁分析的观点,看它的字形可以分析为哪些相对独立的部分。然后分别和已识偏旁的种种形体进行比较,先认出它是哪几个已识偏旁构成的,再考虑它是哪个已识的字。这就是在字形历史比较研究时的偏旁分析法。

当然,进行这样研究的基础,是尽可能精确而全面地掌握每个偏旁已知的各种不同形体。这和前面已经提到过的熟悉全部已识字的各种字形是既有联系又有区别的。因为,我们把一个字当作整体来观察时,对其细部的形体变异常常容易忽略。在以字为单位熟悉字形的过程中,我们往往会误以为某一偏旁的形体的变化很有限,但真的到了以偏旁为单位考察其形体时,就会感到它的多样性大大超过我们原先的印象,某些细微的变化也有值得玩味之处。而且,因为同一个偏旁往往为许多字所共有,在已知的古文字资料中,一个偏旁出现的机会和重复率总是大于一个单字出现的机会和重复率。因此,以偏旁为单位得到的形体变化资料总是比以字为单位得到的资料更为丰富而充实,更便于深入研究字形演变中某些方面的共同规律。

所以,按偏旁为单位熟悉其种种已知的形体及其历史演变情况,是用历史比较法去识读未识之字所必须具备的又一项基本功。

在熟悉每一偏旁的已知各种形体的基础上,要通过形体比较而判定一个未识之字是由哪几个已识偏旁构成的,必须注意两个问题:

第一,用偏旁分析的办法去辨识未识之字,是先把未识之字的字形划分为两个以上的相对独立部分,再把这些独立部分分别和已识偏旁的形体进行比较。但一个字既然还未被认出,字形之划分为相对独立的部分就有不同的假设。有的古文字之所以认错，就是因为考释者在作这种假定性的字形划分时，犯了片面性的错误，没有多考虑几种别的可能性。一般我们总是假定笔划互不连续的各个部分是具有相对独立性的，但实际上有很多的例外。比如前文提到过的《金文编》把 字判断为 、 两个独立部分，就是因为表面上看这两部分是不相连续的。但这样划分的结果，上面勉强还可以说是"林"，但这样希奇古怪的"林"是没有任何已知的例子可作比证的。下面剩下的 就根本认不出是什么字或偏旁了。但如把 和 截开， 是"堂"这一偏旁，就有已知资料可供比较证明了。而且，古文字中还有不少的情况，是有意使两个偏旁连在一起互相"并划"（详下章）。所以不能单从连不连来考虑问题。互不连续的各个部分哪些应视为一个相对独立的整体，有时也有不同的可能。如果我们在对未识之字的字形作假定性划分时，不是尽量全面地考虑到有几种可能，单抱一种定见，就有可能走进死胡同而无法认出本可以认出的字，或得到错误的识读结果而不自知。

第二，在进行偏旁形体的比较时，一定要尽量用时代最相近的一已识偏旁来和未识字的偏旁作比较。用时代相近的资料作比较，原是历史比较法所必须坚持的原则。

偏旁(尤其是基本偏旁)形体比字要简单,简单形体彼此之间的区别性特征往往比较细微。在同一时代,有些偏旁在形体上就比较容易混同。如果不坚持时代相近的原则,就更容易把不同偏旁的形体弄混了。举例来说,商代甲骨文中已识的祭字中肉旁有勹、凵两种形体,作凵的肉旁在形体上跟"口"是难以区别的。但在识读同时代甲骨文中的𢔈字时,我们可以有理由把它判定为从肉从豕的豚字(补充的理由是,该字在辞例中与羊并举,读作义为幼猪的豚是讲得通的。而且,在后代已识字中并无从口从豕的啄字)。但识读东周时代未识之字时,如果也把凵形偏旁判定为肉旁,那就不行了。因为根据东周时代已识之字来看,这时的肉旁已演变为夕、夕等形,而没有作凵形的。不顾时代差别而认为凡凵形都有可能是肉旁,只能造成不应有的混乱。

即使我们能识出一个古文字所含的偏旁,并不一定就能识出这个字。这是因为从偏旁分析的角度来看,古文字到小篆的字形演变可分为三大类:

第一类,该字一直保持着原有的偏旁,只是偏旁的形体有程度不同的改变。

第二类,除偏旁形体改变外,该字所含的偏旁也有所改动，包括位置的变换、数量的增减、不同偏旁的互相取代。在互相取代的过程中，一部分旧有的偏旁被淘汰，并出现一些新的偏旁。

第三类，该字原先所含的偏旁发生了不合理的分解或合并。同一偏旁分化为不同形体的偏旁，不同偏旁在形体上混淆为同一偏旁。在这种过程中也会消灭旧有的偏旁，产生新的偏旁。

显然，只有在第一类情况下，前代未识之字，一旦识出了它所含的偏旁，就可以判定为后代已识的哪个字。在后两类情况下，认出了未识字所含的偏旁并不能立即找到相对应的已识之字。而且，即使找到了偏旁完全相同的已识之字，也并不一定真是"一家子"（前文提到的铝字就是一个很好的例子）。这就需要根据字形演变的规律，进行多方面的考虑，参考辞例，选取最合理的结论。

第三章

字形历史演变的规律

汉字字形的历史演变呈现着错综复杂的现象。当我们用历史比较法从字形上去判断一个未识的古文字应该是哪个已识字的前身时,自然会产生这样的问题:究竟什么样的形体差异可以视为同一字或同一偏旁历史演变的结果,而什么样的形体差异就是不同字和不同偏旁相区别的标志呢?

　　初期的古文字研究者,往往是根据表面上形体差别的大小来判定是否是同一个字或偏旁的。然而,甲骨文中的**大**(王)跟金文中的**大**(立)形体差别不算大,但根本不是一个字;**大**跟小篆中的王(王)差别不算小,却就是一个字。甲骨文中的**十**(甲)跟小篆中的十(十)几乎没有差别,但不是一个字;甲骨文的**十**和小篆的**甲**(甲)差别很大,却就是一个字。所以根据形体差别大小来判定两种形体是否为同一字或同一偏旁,往往得出错误的结论。有的研究者基于这种情况,就感叹古文字字形"变化莫测",而不再下深功夫,随意推测,把毫不相干的字牵合在一起,把根本不同的偏旁也说成是一个,作为历史演变的结果,这就等于取消了历史比较法和偏旁分析。

　　字形的历史演变,在现象上确实是变化多端,错综复杂,但并非"莫测",而是有一定的内在规律性的。从理论上说,字形的演变可以有连续的渐变和跳跃式的突变两种。累积的渐变也会造成字形的较大差异,但只要利用时代尽可能相近的原则,就可以由字形相近而找到它们渐变的链环。如果发生了某种突变,同一时代的同一个字就会表现为差别很大的不同字形。即使利用时代尽可能相近的原则,字形相近的办法就不灵了。但字形之所以发生变化,总是出于一定的原因。有些原因是外在的、偶然的。例如书写工具的变换,书写者的熟练程度、文化水平、书写态度是否认真等等。有的原因是内在的、必然的,对字形演变长期而持续地起作用的。由于这类原因的持续作用,错综复杂的字形演变现象是受一定规律所制约的。

从我们已知的古文字资料分析总结,在汉字脱胎于图像而成为记录语言的符号体系,逐步发展到小篆的过程中,持续作用于字形演变的主要原因有三个:第一,为了便于掌握和使用,符号要求越简单越好。其结果是字形的简化。第二,为了保证记录语言的精确性并不断提高这种精确性,一方面在简化的过程中力图保持不同符号的区别,另一方面使原来承担不止一音一义的同一符号在形体上增加新的区别标志,使之分别承担原有音义的一部分。其结果是字形的分化。第三,由于简化和分化都是群众性的行为,其结果必然导致同一个字存在多种异体。为了保证文字在社会上的统一使用,必须把异体字限制到最低数量,其结果就是字形的规范化。字形历史演变的现象之所以错综复杂,主要是这三种原因的交错作用的结果。因此,我们就从这三个方面来分析字形演变的主要规律。

一、简　化

简化是大家最熟悉的一种字形演变的规律。从先秦文字发展到小篆,简化主要表现为原始的图像逐渐变成易于书写的符号,但不能像现代汉字简化那样主要理解为笔划的减少。

最常见的简化,是保持原图形总体形象的简化,这种简化可称之为总体性简化。几个最普通的例子如下:

（小篆"天"）

（小篆"刀"）

（小篆"马"）

（小篆"文"）

图十

　　这种简化，一般是就独体字亦即基本偏旁而言的。当然，用后代的偏旁观念来看，"文"似乎可以看成省略了一个心旁，但是，实际上"文"应该和前文所举的"糌"一样看成是不可分割的整体性图形：在特别大的体腔中画出心形，以强调这个图形是表示人的心灵所具有的特质（犹如我们今天说"肚子里有货"），正如见字在人头部位画出目形以强调这个图形是表示人眼的一种行为一样。所以，心形在总体图形中是逐渐省略而不是当作一个偏旁而被一下取消的。同样的，前文所举耤字中的止（趾）形本来是连在腿上，不能分割的。它在简化中的消失，和马字的蹄部、嘴部的消失是同类的现象，并不能视为省去一个偏旁。这就提醒我们，在把后代的独体字和较早期的古文字作字形比较时，不能因为古文字字形中多出了某些部件，就一概认为是多了一个独立的偏旁。像唐兰那样，因为小篆的弓字作弓形，没有弓弦，就一定要把甲骨文中有弓弦的弓字拆成弓和丨两个偏旁而释成"引"，把大家公认的射字也非得改释成"矧"，显然是考虑不周的。

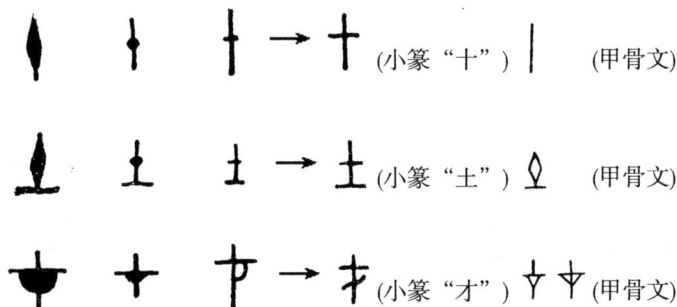

图十一

过去古文字研究者在比较字形时总结的填实与虚框无别（如上举之人的头部和躯干、刀身、马体）、方圆无别（如上举之人头外廓）等原则，都是总体性简化的一方面局部现象。而最主要的趋势是把各部宽窄不一的图形变为粗细均匀的单线条,以达到方便书写的目的。我们可以举几个最简单的字形演变作典型的说明(甲骨文因为是刀刻,单线条化的程度往往更强地表现出来)。

一般地说,汉字发展到小篆,仍保持相当强的图画性,含有相当多的弧曲形的线条。但从考古发现的东周后期的盟书和竹简等毛笔手写字迹来看,当时已经有了把曲笔拉直,把原先不连属的点划合成一笔等重要倾向,就简化的程度而言,比小篆更为进步。这里举几个例子,这对研究东周后期的其他各种文字的字形是有启示作用的。

图十二

同类图形在简化中往往有相似的演变过程。因此,在利用简化的规律来判定不同的形体是否为同一独体字或同一基本偏旁时,最好能有已知的同类实例作为旁证。例如,我们要判定早期金文中刃部有齿的斧形符号是小篆我字的前身,单从已识出的古文字中各种我字所排列成的演变序列进行追溯，当然可以看出刃部有齿的斧形符号演变成小篆我字的合理性。但如果用已知的刃部无齿的斧形符号演变为小篆戍字的实例作旁证，论证就更加严密了。

（小篆"我"）

（小篆"戍"）

图十三

另一种简化，是把原有的整个符号截去一部分。这种简化可称为截除性简化。车字的形体演变可作为很好的例子：

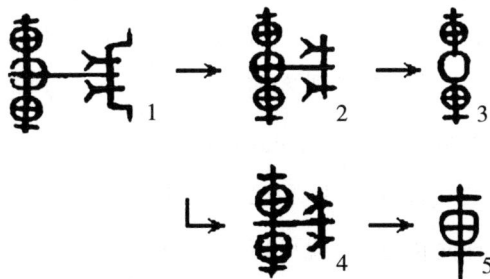

图十四

从图十四可以看出，从 1 发展到 2 和 4，仍是总体性简化，但 4 简化更甚，在保持整体轮廓的前提下，把车箱省掉了。3和5则是截除性简化了。3只截除了车辕和衡、轭，5则截除了4的四分之三，只剩下轮部了。

这种简化过去没有引起研究者们的普遍注意。实际上，这种简化方式在独体字和合体字中都可发现，可以再举一些例子：

| 马 | 为 | 易 | 尔 | 官 | 阴 | 隥 |

图十五

截除性简化使字形发生了突变，从截余的部分是难以推测未截之前的字形原貌的。以图十五中的易字为例，在第一种写法未发现之前，绝没有人能想到第二种写法是第一种写法截剩下来的液滴和一小部分附有器耳的器壁。但是，当未截形体和已截形体均已发现的情况下，知道有这种简化方式，就可以很快发现它们之间的联系。如果不知道有这种简化方式，往往误以为它们是毫不相干的两个字。图十五中尔字截剩的卒，即后世的尔字。许慎在《说文》中就把爾和尔，解释成形体上和意义上均不相干的两个字,而不知道尔在起源上本来就是爾的简化字。甲骨文中的ᵩ字和已确认为"以"的ᵩ字,在辞例上有许多完全对等的例子。但历来许多研究者都认为这两种形体是难以联系的,所以把ᵩ另释为氏、氏等。如果我们从截除性简化的观点来看,ᵩ正是ᵩ截去一部分的结果,完全可以把ᵩ定为以字的原始形体。过去在推考独体字和基本偏旁的字形是源于何种图像时,一般总是从总体性简化来考虑的。所以,在只见到上图中易字的第二种写法时,对它源于何种图像,百思不得其解。即使是未截形体早已发现的车字,绝大多数研究者都误以为截余的車形,是以上下两横划表示车轮,中间表示车箱的。今后,我们在研究独体字或基本偏旁在形体上源于何种图像时,如果能兼顾截除性简化的可能性,有意识地考虑它们可能是哪些已发现的形体的截余部分,将使我们的思路开阔得多。

在进行截除性简化时,是把原来的字当作一个整体性的抽象符号(既不考虑它本来是什么图像,也不考虑它的原始结构)截去一部分。在合体字的截除性简化时,有时截去了一个偏旁,如官字被截去了"宀"旁;有时截去了半个偏旁,如隥字的"登"旁截去了上半部。这种现象表面上看来是不合理的，然而却是文字已发展到纯抽象符号之时所允许的。所以在今天汉字简化中这种简化方法是普遍使用的，如業简化为业、廣简化为广、時简化为时、婦简化为妇。但是，这种简化，在小篆中一般均不予承认。许慎是知道文字偏旁可被截去一半的，所以在分析字形时有"从某省"、"某省声"的说法，这些说法可以作为我们研究截除性简化时的一种参考。但其中有许多是许慎在字形分析找不到正确途径时牵强附会、自圆其说的，决不可盲目轻信。我们知道有这种破坏文字原结构的截除性简化，只是增加了考释古文字时的一条思路，一种可供选择的可能性，而且主要限于研究这种简化较为流行的东周后期文字。在辞例和其他证据许可的情况下，才可能肯定某个字形是哪个已识之字的截除性简化。否则，单就自形来看，说它是歸、追、師、省的截除性简化均无不可；单就豆形来看，说是壴、豈、虘、豊、豐等音符的截除结果都可成立，一味乱猜，只能徒然增加混乱。

通常在谈到文字的简化时，总还要谈到减少偏旁数量的问题。早期古文字中表义字的偏旁数量往往变动不一，这个问题我们打算到谈异构问题时再专门讨论。就同一个字说，偏旁数量少的写法当然可以看作是简化。

但小篆并不一定采用偏旁数量最少的写法,在商代甲骨文中,就有许多偏旁数量比小篆更少的字出现了,举例如下:

（甲骨文）

（小篆）

莫　　　声　　　教　　　星　　　众

图十六

在这些例子中,减少某些偏旁,并没影响到该字以形表义的主要目的。像莫(古"暮"字)是太阳落到草丛的景象,少两个 ψ(草形)无关紧要。声字原包括一个磬(一种石质的悬击乐器)形,一个手持磬槌形和一个耳形。减去一个手持槌形,只是减去一个次要的成分。所以,这种简化可看作是合体字的总体性简化。

在减少偏旁的简化中,删除重复的偏旁逐渐成了一种通例。因为这种简化是单就删去重复偏旁着眼,有时是破坏了文字原有的表义性的。表义字有时是靠偏旁的数量来表义的。例如,集字原是许多鸟聚到一棵树上的形象,才能表示集合之义。删剩一只鸟就失去了原有的表义性。曹字的上部原是一对口袋,才能表示成对("曹"

古义为成对）的意思。删剩一只口袋，就成了"东"，声和义全变了。可见这种简化也是把原字视为纯抽象符号而不考虑其原有的结构，所以也可以看作是合体字的截除性简化。

| 集 | 曹 | 则 | 雕 |

图十七

在现代汉字的简化中，常使用替换偏旁或改变构字方式的办法。例如，用易写的"用"去替换"擁"中的声符而简化成"拥"，用会意的"体"去代替形声的"體"。在先秦文字的字形演变中也可以找出相似的例子。先秦文字在发展中常有替换偏旁及改变构字方式的现象，但结果不一定是简化，有时反而繁化了。所以，我们把替换偏旁及改换构字方式的种种现象集中到谈异构问题时去讨论。在这里我们只指出一点，在这种异构的取代过程中，使一部分旧有的图形符号被淘汰了。例如，下图在鸡字的演变中，象鸡形的那个图形符号被鸟旁取代。在鬵字的演变中，象鬵（古代的一种炊器，是在鬲上面附一个可蒸食物的甑）形的那个图形符号被鬲旁取代。因而，这两个图形符号，无论是作为独体字还是作为偏

（小篆"鸡"）　　（小篆"甗"）

（小篆"凤"）　　（金文"裘"）

图十八

旁,在小篆中都已灭绝。像这类情况,对整个文字体系来说,无疑是一种简化。正因为有这种简化,目前有相当数量的甲骨文和早期金文中的图形符号,在小篆中找不到形体上可对应的字或偏旁。要确认这类图形符号是后代的什么字,必须要找出异构取代的中间环节。如果看它象什么就说是什么字,势必会犯把象猪形的豕字读成豬一样的错误。

古文字简化中还有一种起源很早的现象,可称为"并划性简化"。即把原来分开的两个偏旁中的某些线条重合起来,这种现象在商代就已经出现了:

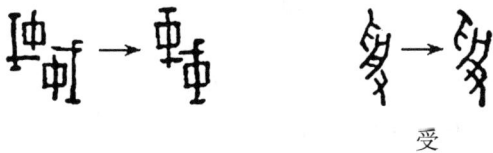

受

图十九

并划性简化在东周时期是相当流行的,可以从侯马盟书中举出一些例子。其中醜字的例子(见图二十)很有趣,一种写法把酉(酉和西旁通用)旁移到鬼旁上面,省去了鬼旁的上部。另一种写法则是移置之后省去了酉旁的下部,看来是因为西形和田形相近,可作近似性的重合而被两个偏旁所公用。

圹　　　　　　　群　　　　　醜

图二十

这种简化方式还扩大到把两个字的某些笔划重合而形成简化的合文,这种合文一般在旁边加注一个重文符号" = "以识别。

帛书"至于"　　竹简"大夫"　　玺文"公孙"　　竹简"君子"

图二十一

柯昌济在并未认识到并划性简化是一种规律的情况下,提出了𩏂字就是𣎆(重)字的见解。李孝定承认他的结论"确无可易"。但李孝定说:"此则原为二体,后反重叠之而成单体,盖文字衍变之变例也。"尚未认识到并划性简化是有相当普遍性的。懂得了这种简化方式,在识读古文字时又多了一条思路。比如,古玺中的字,从表面上看只有止和奇两个偏旁,但因为止旁是违反一般习惯而写进奇旁的下部,可以考虑它和上面的屮(口)是一个足旁,而与奇旁共有这个屮形,因而可以释读为踦字,又如"蒞"(范)古玺作形,另有一种形,就可以考虑是(邑)旁和蒞旁的并划性简化而共用形。

小篆一般是不承认东周时流行的并划性简化的字形的。但像疒旁在甲骨文中本来作,是人躺在床上,人形和床形是分开的,到东周时才并划而成疒。因为流行较早又很广,小篆也就承认了。所以在把小篆字形和先秦字形作历史比较时,仍不能不考虑并划性简化的问题。

简化的一个消极的后果,是使原来不同的偏旁或字在形体上混同莫辨,这叫做"形混"。上文中已经提到过的肉和口这两个符号在甲骨文中都有作凵形的,就是一个例子。而肉和月这两个符号,在小篆中都作,在楷书偏旁中都作月或月,是又一个例子。如果把不同时代的资料混在一起比较,更多的偏旁会有简化成相同形体的例子。

在下面所示的实例中,甲骨文"员"(古"圆"字)和金文"员"旁中的〇形是代表圆形的抽象表义符号。在金文

员

贲

璧

環

或

邑

雝

量

启

匽

图二十二

"璧"和"睘"（古"環"字）中的○形可能是具体的璧（古代一种圆片形的玉器）和環（环）的简略图形符号。在金文"邑"、"或"（古"域"字）中的○形，是城圈子的简略图形符号，在甲骨文中一般刻成方形，金文中方、圆均有。在金文"雝"（雍）中的音符δ，也可以省略为○。甲文"量"、"启"字，金文"匽"字中的○形则是一般作⊙形的日旁之简化形式。

在偏旁中发生的形混，一般不引起整个字形的相混。因为，还有其他的偏旁可作为不同字之间的形体区别标志。例如，小篆中肉和月两个偏旁虽然形混，从肉和从月的诸字，字形仍然是可区别的。但也会有因为偏旁简化相混而致使字也相混的情况。如笔者名澐，这澐字的实际遭遇，也可作为一个有趣的例子。按汉字简化方案规定雲简化为云，因而澐可以简化为沄。但有的人不知道有繁体的澐字,便从運字简化为运而把沄读为浑。或从罎字简化为坛而把沄读为潭。由此可见,因为不同的偏旁在简化后形体相混,同一个字形会有几种可能性的读法。识读古文字也是同一个道理。

简化也可能直接造成字和字的形混。前面举过的例子中,醜字截去一半剩下的就是鬼字,阴字截去一半剩下的就是阜字,官字截去一半剩下的就是自字,都是最明显的例子。若不加以限制,当然要引起整个文字体系的混乱。因而,只能是一时一地的个别现象。官省为自,在战国时代一度比较流行,大概是因为自作为单字在当时已不流通。正如我们今天把廣省为广,是在《说文》中原有的"读若俨然之俨"的广字已不流通的情况下可以行得通的。但就是官省作自,也未被小篆所承认。

二、分　化

把汉字发展的历史单看成简化过程是很不正确的。因为,这种观点不能解释字形演变中的许多客观现象。只要汉字还是意音文字,简化受到的最重大的制约,就是不能使原先分别承担不同音、义的字在字形上发生混淆。

当不同的字在形体演进中发生形混或有形混趋势时，进一步的发展趋向往往是使相近字形更易于区别。例如，在战国时期月和肉都可以写成\的情况下，就出现了把肉写成\而把月写成\的区别方法。十字在 ┃→ ┃→ ┃ 的发展中，和本来作十形的七字容易相混，就把七字的竖笔末尾加个弯而变成\。这都是很能说明问题的最简单的例子。由此可见，单是为了使原有的不同字在字形上便于区别，也会出现与简化要求背道而驰的字形变化。

但是，在汉字发展的早期阶段，还存在不少转注字，也就是用同一字形记录不同义又不同音的语词；还有大量的假借字，即用同一字形，记录同音（或音近）不同义的语词。从这个意义上说，单单保持原有的字在字形上都能有所区别，不少的字所要承担的语音和语义的范围还是太大。举例来说，\这一字形，在商代甲骨文中至少承担女人、母亲和否定词毋等语义，其中读女和读母是转注关系，读母和读毋是假借关系。周代金文证明它还承担代名词"你"（或"你的"）及介词"如同"等语义。读女和读汝（即"你"或"你的"）、读如都是假借关系。从今天的古音知识来看，当这一字形在记录母、毋之义时的读音，很可能同记录女、汝、如之义时的读音是有差别的。既然有不少这样的字，当然容易造成阅读时理解上的困惑。因此，人们就在原字形的基础上赋予各种区别性的标志，从一个字派生出几个不同的字，分别承担原有音义的某一部分。这种现象，我们称之为"分化"。

分化的方式可分两大类：一种是利用原有字的异体，另一种是增加偏旁。例如上举的■字，在商代原有■和■两种主要写法。后者胸部的两点，大概是强调女子的性征，前者可看成后者的简化形式。由于在甲骨文的许多辞例中，这两种形体都是互相通用的，所以在当时人的概念中它们只是同一个字的不同写法，正如■也可以写成■一样。但在西周金文中可以看出，当记录母亲和毋的语义时，绝大多数场合均用胸部有两点的写法，但仍有用不带两点的写法。而记录女子、女儿、你等语义时，不再用胸部有两点的写法。表现出一种明显的分化倾向。胸有两点的写法演变为小篆中的■（母）字，胸无两点的写法演变为小篆中的■（女）字，成为两个字。它们严格地区别为两个字，大约是在东周时期。这样的一个字分化为两个字的现象，就是利用异体的分化。在东周时期，女字仍承担后代如字所承担的语义。但这时已经出现了女字增加口旁的"如"，用这种有别于女字的字形来分担女字的这部分语义，渐成定例，女字就不再承担如字所承担的语义了。这种分化就是增加偏旁的分化。但是，既然在东周时期，女和如这两种字形都被用于记录后代如字所承担的语义，在记录这种语义的范围内，加口旁的新形体在这时也只是不加口旁之女的异体字而已。只有在把不加口旁的女从这一范围完全排除出去之后，如这种形体才成为完全独立的一个字。

先秦时代并无随时颁布统一文字方案之举，为了专用化目的而加偏旁造出的新字形，都是在使用中逐渐得到社会公认的。所以就实际历史而言，都可以看作由原有字的异体字而分化为各自独立的不同字。而且，对原有字形增加偏旁，并不一定都是出于专用化的目的。例如，纯象星形的🝔和加注音符"生"的🝕在商代甲骨文中均已存在，在辞例中都可记录星星之义，目前还看不出各有专用的迹象，只能认为是简繁不同的异体字。但小篆中的晶（晶）和曐（星）已经是两个不同的字，晶字只承担星光及由之引申的语义。表面上看，晶和星分化为两个字，是可以说成加偏旁的分化。但既然我们还没有证据证明商代加注音符"生"是出于各有专用的目的，后来晶、星二字区别为各有专用的字，就只能理解为利用原有异体字的分化了。

由于有很多字我们目前没有足够资料可以具体了解其分化实际过程，所以只能从表面现象上区分为不加偏旁的利用异体字和加偏旁的两类。实际上，人们也可以在不加偏旁的情况下，为了专用化的目的而有意识地造成异体。例如，母从女字中分化出来之后，仍承担"母亲"和"毋"这两方面毫不相干的语义，战国时期又出现了 🦴 这种字形来分担"毋"这部分语义。对于母字来说，🦴 并未增加偏旁，只是把母字原形中胸部的两点连成一笔。由于在已知辞例中，这一变体只使用于承担"毋"义的场合（在同时期的某些辞例中，"毋"义仍由两点不连成一笔的母字来承担），可认为这一形体是专为记录"毋"义而制造的区别性形体。这一形体在记录"毋"义的范围内逐渐地排斥了母字，成了独立的"毋"字。

字形所分担的语义不加偏旁而制造别的形体的方法是多种多样的，有时是在原字形上附加极简单的点划。例如，后代的言、音二字，古本一字，在形体上作 🔔。东周时，在 🔔 形的内部加一点而成 🔔，分化为小篆中 🔔（言）、🔔（音）二字。有时是就字形的原有笔划作某种变动。例如，后代的事、吏二字，古本一字，在形体上作 🔔。

小篆中把中竖拖长而末端弯曲的𦘒（事），和中竖短而不弯曲的𠧧（吏）分别成两个字。但是字形上的这种变化，都是一开始就出于专用化的目的，也并不都导致一字分化为两个字的后果。前文举过的金旁中两点连成一笔的例子，和母字中两点连成一笔而成𢆶，是同一字形变化现象。但金的形体变化，看不出有什么专用的目的，也没有导致金字的分化。在许多场合下，我们只能判定这一类字形变异是否导致文字分化的结果，而很难判定这些变异是一开始就出于专用的目的，还是有了变异之后才被文字分化的要求所利用。因此，从表面现象上都只好归属于不加偏旁而利用异体的分化。

分化的结果是文字数量增加，所以，分化的方法当然是造字的方法。增加偏旁的分化方法，无论是加音符，还是加义符，都可以认为是形声即兼表音义的造字法。不增加偏旁而利用异体或有意造成异体的分化方法，既不能归为表义法，也不能归为表音法，又不能归为兼表音义法，是一种虽属后起而具有独立性质的造字法。建议称为"就字分形法"，可简称为"分形法"，产生的新字可称为"分形字"。如母是女的分形字，音为言的分形字，吏为事的分形字。在后代文字发展中，这种造字方法也造成了一些新字，如候为侯的分形字，勾为句的分形字。然而，过去的文字学家往往忽视了这种独立的造字法。于省吾先生在《甲骨文字释林·附录》中提出了所谓"附划因声指事字"的问题，就问题所研究的对象而言，和就字分形法大体重合，但不尽相同。而且在实例的分析、方法的归纳、方法的命名上，似乎均有可商之处。这种造字方法是值得进一步详细研究和总结的。

认识到文字分化是一种普遍的规律，在使用字形的历史比较法去识读古文字时，就不应该只从文字是一脉单传的角度去看问题，错误地以为小篆中字形有别的不同字，一定都有各自不同的祖先。实际上，有相当数量的一组组不同的字，原先都只有一个共同的祖先。举例来说，小篆中的川（小）——屮（少）、尸（厄）——尸（㢟）、爾（尔）——爾（爾）、士（士）——王（王）、示（示）——主（主）、無（無）——舞（舞），都是从一个字的异体不加偏旁而分化成的（有的表面上增加了偏旁，如舞比無多了两个夂，实际上那是从连在人腿上的足形演变而成的。有足形和无足形只是繁简体之不同）。生、姓、性、甥本来都写成生，工、贡、功、攻本来都写成工，正、征、政本来都写成正，豊、禮、醴本来都写成豊，周、瑂本来都写成周，又、右本来都写成又，都是从同一字加偏旁而分化成的。对初学者来说，很容易犯的错误，就是在识读古文字时见到ᴗ形就以为只能读小，而只能有后世小字的字义；见到ᴥ形就以为只能读少，而只能有后世少字的字义。不知道两种形体还未确定地分化为两个各有专用的字以前，音义是互通的。初学者很容易疏忽的是，见到早期古文字中的工形，就认为只能有后世工字的字义，而不能全面地考虑还可能有贡、攻、功或其他从工之字的字义。但是，在对分化有了初步了解之后，又容易犯另一种极端化的错误。比如，见到先秦古文字中的女形，就认为一律都可以读为母、毋、如，或误认为凡是遇到母、毋、如也都可以读成女。不理解文字的分化是一种历史性渐进的现象，分化发展到一定的阶段，女就不能读母了，母也不能读毋了，反过来读往往是更危险的。必须从已知的全部辞例中，对每个分形字和加偏旁分化的字逐渐取得独立地位的具体过程作细致分析，才能不把本来已可区别的读法混为一谈。这个问题，我们在第五章中还要作进一步探讨。

从同一字分化出来的诸字，在分化尚未十分固定之时，作为偏旁也是可以互相通用的。举一个例子说，不字在先秦时代有字、字、字等异体，上面加点的字并未生成分形字，下部加点的字则生成分形字字（丕，今本《说文》讹作丙）。不字下面加口旁而分化出否字。否字却因上面加点与否分化，成为字（否，《说文》训"不也"）、字（音，《说文》训"相与唾而不受也"，约相当于今天的"呸"）。由于这种分化的渊源关系，所以我们看见诅楚文中的字可以认为就是小篆的字（倍）。把甲骨文中从不从刀的字，假定为小篆的字（剖）的前身，也是合理的，当然，这种分析都要有历史的观点，读法都要经过辞例的验证。否则，把小篆中实际存在的"棓"（义为"梲"，即木棒）和"桮"（即杯字）、"倍"（义为"反"）和"伓"（义为"有力"），"剖"和"部"都一定要说成是同一个字的分化，就是又犯了极端化的错误了。

三、规范化

同一个字在演变过程中产生的种种不同字形，习惯上称为"异体字"，历史上有互相取代关系的异体字，又称为"古今字"。一个字之所以有多种异体，其原因不能仅归之于简易化和专用化，而是多样的。

文字中最初的异体现象，是文字尚未脱离图像这一母胎的反映。从实际事物的形象变成图形符号，都要经过提炼，即对实际物象的简化，这种简化一开始就可以采取不同的方式。以甲骨文和早期金文中的鼎字为例，有的鼎足部分表现细致些，有的鼎腹部分表现细致些。

（金文"鼎"）

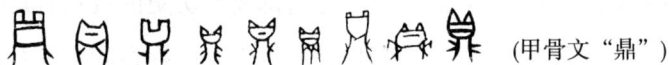

（甲骨文"鼎"）

（甲骨文"羌"）

图二十三

鼎耳有表现为三角形的，有表现为矩形的。虽然都是具体的鼎形的简化，却很难说哪种字形是哪一种字形的简化。又如羌字在甲骨文中有多样写法，简单的只是一个戴羊角的人形，而另一类繁复的写法则表现他们被俘获之形，有跪坐和站立之分，有颈上拴绳子的，有双手反缚的，也很难说哪种字形是哪一种字形的简化。这种现象是最原始的异体现象。在对早期古文字进行字形比较时，过去的研究者已经认识到的"正反无别"（图二十四 A）、"正侧无别"（图二十四 B），甚至"正倒无别"（图二十四 C），都是原始的异体现象的某一方面表现。在文字形体与实际物象尚较相近的情况下，这种变异只要不致引起人们对所象事物理解上的混

A ⻝⻝令 ⻜⻜史 ⻏⻏臣 ⻗⻗象 ⻘⻘季 ⻟⻟舟

B ⻖⻖荷 ⻝⻝须 ⻜⻜幾 ⻟⻟龟

C ⻝⻝侯 ⻜⻜征 ⻏⻏狞 ⻟⻟?

图二十四

淆，就是可以允许的。但是，对某一字说来是可允许的变异，并不适用于另一些字。例如，羌字虽然站立形和跪坐形都是一个字，但⻏（兄）和⻗（祝）就是两个不同的字。人字虽然正反无别，但⻏（左）和⻗（右）就是靠不同方向区别为二字。⻏是人字，⻗是大字，正侧是有严格区别的。倒过来成⻟，就是屰（逆）字了。这种矛盾的现象是文字体系尚不很成熟的表现之一。在文字逐渐脱离原始图像而成为抽象符号的过程中，每一个字都趋向于只有一种固定的形体，才不致引起阅读时的困惑。

淘汰异体而使每个字都趋向于只有一种固定的写法，就是规范化。在秦始皇以小篆统一全国文字以前，规范化是一种自然淘汰的缓慢过程。在旧有异体未被

淘汰之时，往往又出现了许多新的异体。所以，当我们以小篆为基点用历史比较法去追溯每个字的前身时，就必须对每个字的形体所可能有的异体现象有比较全面的了解。

字形在发展中之所以有种种变异，简化和分化固然起着最主要的作用，但并不能把一切都归之于这两种原因。比如，东周铜器上往往有在文字笔划上加点或增加其他纯装饰性笔划的做法（图二十五 A、B），可以解释为美化。但普遍存在的在文字上方加点的做法（图二十五 C），至今还没人能圆满地作出解释。不过，我们至少可以用已知的变异中相似的现象，来推论某种字形所可能有的变异。例如，我们可以根据"帝"字已确认的诸种变体，来推定"朿"字所可能有的变体（图二十五 D），从而把《古玺文编》认为不识的𧮫字判定为从朿的速（迹）字。

如果从偏旁分析的角度来考察一个字所可能有的异体，每一个字除了所含偏旁的形体变异外，还可以有结构上的变异。所谓结构上的变异，包括所含偏旁数量、偏旁相对位置、偏旁种类的变化，也包括构字方式上的变化。这些现象，可统称为"异构"。异体字不都是因为异构，但异构是异体字中特别重要的一种现象。

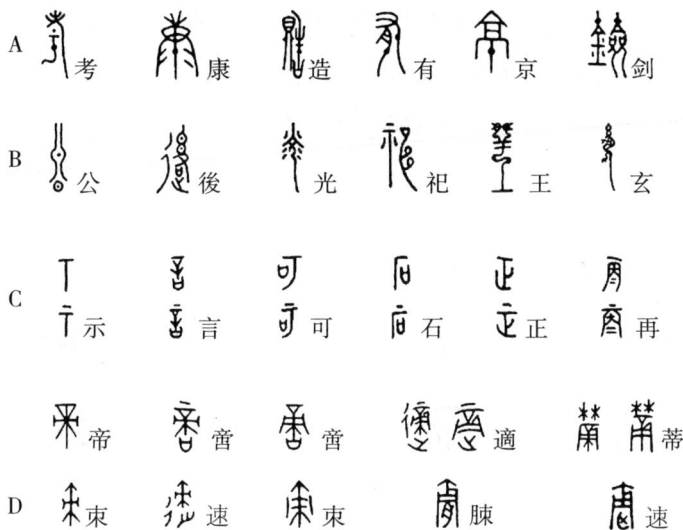

A　考　康　造　有　京　剑

B　公　後　光　祀　王　玄

C　示　言　可　石　正　再

帝　畜　畜　適　蒂

D　束　速　束　脒　速

图二十五

在早期古文字中，有些合体字的偏旁的相对位置是
不固定的（图二十六 A），同一种偏旁的个数也不固定（图
二十六 B），表义字中同一性质的偏旁有互代的现象（图二
十六 C）。这些异构现象，都是文字还处于比较原始阶段
的表现。这跟当时另一些字的构造原则是互相矛盾的。
例如，同样是以两个人形构成的字，为从、为北（即
背）、为尼，位置的不同而区别为不同字。是在摆臂的
人形下加一个止旁而表示走，是用三个止旁表示奔，就

是用偏旁数量的不同而区别为不同字的。所以，在文字发展过程中，这类异体大多消灭了。当然，像用两个屮形或四个屮形作为"草"旁的简繁两体，在《说文》中仍可以见到。在今天的汉字中，够同夠、畧同略之类的现象也并未完全绝迹。

图二十六

文字在发展过程中也会产生种种异构，不论其原因如何，从表面现象上可以区分为局部性异构和完全性异构两种。局部性异构是指一个字的两种异体有一部分偏旁是相同的，另一部分偏旁则改变了。完全性异构是指一个字的两种异体的偏旁构成完全不同。

局部性异构中最常见的是形声字的局部改换音符或义符。

音符互代的异体字，有些是长期并存的。例如，《说文》记载，"麓"的或体作"㚐"，该字的这种异体现象，在商代甲骨文中就已经出现了。另一些则是发展过程中的新旧更替。例如，裘字在西周金文中原以"又"为音符，可能因为"又"和"裘"的语音发生了分化，才改用"求"为"裘"的音符。但必须注意的是，我国古代同音字极多，形声字字义的区别很大程度上靠同音而不同形的音符。如果把同一义符而音符又同音或音近的字形都推断为同一个字的异构，其结果肯定是荒谬的。

义符的替换主要有两类：一类是含义有相重部分的不同义符的互代。如口旁、言旁、音旁在表示发声这一点上可以通用，所以《说文》记载吟字或作"訡"、"韽"，咏字或作"詠"，啧字或作"讀"。但这并不能不加限制地推衍，例如，啖和谈、吃和讫、嗌和谥、喟和谓、咳和该、咀和诅……在小篆中都不是一个字的异体，而是两个字。另一类是因为同一字的字义可以从不同角度去表示。例如，剑字在东周时从金，是就质地加的义符，在小篆中从刃，是就性质加的义符。又如，襦字是以衣襟兜东西，这一动作涉及衣服的一部分，故以衣为义符。但或体作"撷"从手旁，则表示动作与手有关。这种义符互代表面上更加灵活无定，实际受具体字义的限制。如果据此以为凡从金的字都可以改成从刃，凡从衣的字都可以从手，显然是荒谬的。

就原字增加音符或义符，以及就原字减省部分偏旁而造成的异体，当然也属于局部性异构，这类现象，在前文中已举过一些例子，这里就不多说了。

完全性异构有相当大部分是形声字的义符和音符同时被替换而形成的。如西周金文中表示席（蓆）子之义的㡀（弼）字，日为义符，象席形，弜（弜）为音符。后代改写为"第"，以"竹"为义符，"弗"为音符。偏旁完全改变了。也有的完全性异构是表义字的表义方法不同。如甲骨文中的灾字，或作洪水横流的〣、〣形，或作房子中起火的〇形（后来小篆中的灾字是把两形合并，又增加音符"才"所演变成的）。还有一部分是因为形声字和表义字互代。例如小篆鬲字是古代一种三足炊器的实物形象简化而成，或体作"瓾"，就变成形声字了。

从字形历史比较的角度来看，局部性异构因为还保持一部分相同的偏旁，字形还存在某种表面可见的联系。完全性异构则完全失去字形上的联系了。但是，有一些完全性异构是通过逐次局部性异构而造成的，前文举过的鸡字的演变就是一例。这里我们再举一个比较复杂的例子。甲骨文中的铸字原来是一个表义字，象倾倒炽热似火的金属溶液的场景。在演变过程中逐渐加上了义

甲骨文　　　　　　　　　　　　　　　　　小篆

图二十七

符"金"和音符"𩻳"（寿字亦以此为音符），最后才固定为
从金𩻳声的形声字，而把原先所含的偏旁完全取消了。对
于这类完全性异构，我们可以通过逐步的历史比较而恢
复字形之间的联系。但在多数情况下，我们之所以能知
道完全性异构是同一字的异体，是根据《说文》等字典的
记载，古书注释中关于异体字的记载，古书中相同辞例的
对照，先秦典籍和地下出土古文字资料中相同辞例的
对照。

　　以上我们大体上讨论了异体字的种种表现形式。应
该看到，异体字的产生是文字使用者的群众性行为。因
而，文字使用越是普及，异体字也就越多。在交流的过程
中，有些异体字被淘汰，但这种自然淘汰并不能有力地达
到文字规范化的要求，致使一个字往往有多种异体同时
并存。战国时期就是一个异体字很繁盛的时期。当时的

所谓文字异形,除了地域性的异体现象之外,恐怕还有因方音差别导致的不同通假习惯。虽然字形的发展是以产生变异为前提,没有异体,也就没有全部汉字的发展史。但是,同时存在过多的异体,就要影响文字在全社会的流通,因而秦代以行政手段颁行小篆是汉字规范化的一种历史性创举。当然,颁行小篆并没有也不可能终止异体的产生。但从此以后,人们对异体字有了正体和或体(俗体、别体)的界线。每一种正体在相当长时期内稳定不变,保证文字在全社会的流通性,但并不阻止新的或体的产生,当某一种新的或体取得对旧有正体的优势时,也可能代之而成为新的正体。

就识读先秦古文字而言,重要的问题不是每一个字规范化的具体过程,而是认识一个字在未规范化以前可能有的异体形式,认识这种异体形式之间的内在规律性。这样,在进行字形历史比较时,无疑将会大大地开阔思路,透过表面上相异的现象,找到内在的联系。

附:讹　变

在字形变异中有一类特殊的现象——在对文字的原

有结构和组成偏旁缺乏正确理解的情况下，错误地破坏了原构造或改变了原偏旁。这类现象，习惯上称之为"讹变"。

偏旁的讹变往往是由于形近或形混造成的。例如，到周代之时，原象鼎形的鼑和原象贝形的鼎形体相近，因而郑井叔钟铭中把宾（賓）字所从的贝写成了鼎，国差𦉢铭中把鼏字所从的鼎写成了贝。这跟我们今天把迎写成迎，把假写成假一样，是写了错别字。错别字本来不能算异体字。但如果大多数人都写错了，将错就错，不但会变成公认的异体，甚至会取得正体的地位。例如，贞、则、员等字，原先都是从鼎的。东周时逐渐都写成从贝，因为普遍流行，小篆也采用了从贝的写法。这样的字形演变，就是一种讹变。又如，多字在甲骨文中作𡖌，从肉，当时夕字作𠃊、𠂆形，并不相混。但西周金文中多字作𡖌，就和夕字作𠂆形体相混。后来人们误以为多字是从夕的字，在小篆中，多被写成多，而肉被写成𠕎，多字从形体上看根本不从肉了。这种字形演变也是讹变。再如奔字，原先是在摆臂的人形下加三个脚形表示快跑，但西周时文字中止形和中形往往写得差不多，把𡗅写成𡗶，后来人们误以为奔字是以犬为义符，卉为音符，在小篆中写成了𡙭，这也是一种讹变。

　　另一类常见的讹变是独体字解散为几个偏旁，或合体字偏旁的错误合并。在下图中，须字本来是有须之人

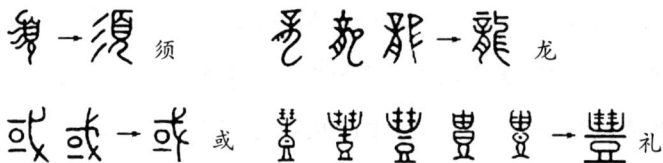

图二十八

的一个完整图形，后来被拆开成了"彡"和"页"两个偏旁。龙字本来是象龙形的独体字，演变中被身首分离，以致被许慎说成是"从肉飞之形"、"童省声"。或字本来是从囗、从𢏚（弋）两部分，但演变中把囗上的一横和𢏚合并，成了从戈的字。豊（礼）字本来是从壴（象古代的鼓形）从玨，但壴形的上半部（原象插在鼓上的羽饰）和玨形合并，下部成了从豆了。这类讹变都破坏了文字原有的结构，使后人看不出原先的造字用意了。

　　讹变的结果，表面上也是出现了异构，但一般的异构都是按一定的造字原理改变原字的构造，是一种合理的异构。讹变则是对原字结构不了解或错误理解而造成的字形变化，是一种无理的异构。小篆的字形，对于最初造字时的字形来说，有不少是讹变的结果。许慎在当时既

然只能根据这种字形来"说文解字",必然有许多不符合造字本意的错误解释。当然,这些说法表面上也可以自圆其说。比如,多字讹变成从夕,就解释说"重夕为多",还把"重日为叠"扯来作旁证。但这就像我们今天把由妇字简化成的妇说成是"妇女力大推倒山"一样,完全成为同造字本意及字形历史演变无关的拆字游戏。所以许慎对文字结构的分析,在未经古文字资料验证之前,是绝不可轻信的。

以上,我们择要地讨论了古文字形体演变中的三方面规律性现象,从而对一个字所可能有的不同期异体和并存异体有大致的了解。从表面现象上来看,一个字的种种异体之间的形体差别,完全有可能大大超过不同字之间的字形差别。所以,单从形体差别的大小来判定两种形体是一个字还是两个字,是不合乎实际的。我们今天之所以能把形体差别并不算大的两种形体区别为两个字,把形体差别并不算小的两种形体判定为一个字,主要的根据有三条:(一)找寻各种形体和小篆字形的历史联系,来确定它们是一个字还是两个字(但这时要考虑到历史上的分化和形混的可能性)。(二)综合考察各种形体在作为文字偏旁时与其他偏旁的结合关系，来确定它们是一个偏旁还是两个偏旁（但这时要考虑到讹变和同功能偏旁互代的可能性）。（三）全面考察作为单字或偏旁的各种形体在辞例中的具体地位，来确定它们是一个字还是两个字，一个偏旁还是两个偏旁（这时要考虑古人也有偶尔写错字的可能）。只有把这三者有机联系起来，交验互证，我们才能确定哪些具体的形体差别是字与字之间的区别特征，哪些具体的形体差别只是同一个字的异体现象。否则，就会陷入迷魂阵，而哀叹古文字字形变化莫测，以至无所适从了。

第四章　古音问题

通过字形的历史比较法认出了某个古文字就是后代已识的哪个字，只是为推知这个古文字的音和义建立了一座桥梁。因为，同一个字的音和义都是有历史变迁的，我们切不可把一个字在今天的读音就当作古代的实际读音，也不可把它今天具有的字义和古代所具有的字义混为一谈。

由于语音的变迁而字音有古今的不同，这是研究古文字的人必须建立的一个基本观念。我们通常在认出了一个古文字是后代的某字之后，就按该字现在的读音去读它，那实在是不得已的权宜之计。比如，我们认出了周代的𰀜字就是后代的车字，我们就把它读作 chē。实际上，我们知道汉代的刘熙在《释名》一书中记载："古者曰车，声如居，所以居人也。今曰车，声近舍。"可见车的读音在历史上是变化着的，在周代并不像现在这样读 chē 的。但是，车在先秦时代是不是就读成 jū 呢？那也不见得。因为刘熙的记载中只告诉我们，车在汉代以前的读音跟汉代居字的读音相似，但汉代居字的实际读音究竟如何？那仍然是有待研究的问题。古代既无录音设备，对语音又没有其他很科学的记录方法，因而每个字在某朝某代的实际读音实在是很难确知的。为了方便起见，我们认出了先秦时代的字，只好都按现在的字音去读它们，但在心里知道古代并不见得就这么读，甚至读音相差会很大。

但是，只知道古音和今音不同而对每字的古音情况完全茫然，是无法进行古文字考释的。从理论上说，文字都是有声的语言的记录符号。宋元之际的戴侗已经指出过，"夫文生于声者也，有声而后形之以文；义与声俱立，非生于文也"（《六书通释》）。段玉裁又进一步阐发说："有义而后有音，有音而后有形。学者之考字，因形而得其音，因音而得其义。"（《广雅疏证序》）都认为不了解字音就不能确知字义。杨树达更明确地指出，"古义寓于古音。以今音求古义，犹适燕代而南其辕也（想要到北方的燕、代两国去，却使车辕朝南而行）"（《古声韵讨论集》）。历来的文字学家都强调研究古文字和古文献要懂古音，但他们也并不能确切说出每个字在古代究竟是什么实际读音。给每个字拟定古代的读音，是近代一部分音韵学家专门从事的研究工作，迄今尚无统一的结果。所谓研究古文字和古文献要懂古音，只限于懂得古代哪些字有同音或音近的可能。比如，我们只要知道今天读音不同的贞和鼎在商代可能是同音的，就可以认为鼎形符号能够记录卜问的语义。只要知道奚和鸡在商代可能是同音的，就可以认为鸡形符号加了一个奚旁只起注音的作用，而不是表示其他意义的另一个字，等等。至于贞、鼎，奚、鸡在当时实际读音如何，是可以不必深究的。当然，先秦时代的同音关系、音近关系，跟现代字音的同音关系、音近关系是有很大不同的。我们如果凭空猜测先秦时代的哪个字和哪个字同音或不同音，古文字考释势必成为连篇鬼话了。所谓懂古音，主要是指懂得怎样科学地去论证先秦时代的同音或音近关系。

论证先秦时代的同音或音近关系的方法是随着古音韵学的发展而逐步科学化的。在这本小册子中，我们不打算介绍汉语音韵学的基本常识和古音韵学的发展历史，建议读者可先看王力《汉语史稿》中的有关部分。这里只简单地谈一下利用古音韵学的研究成果来论证先秦时代的同音或音近关系的问题。

汉字的字音，在传统的音韵学中是被分为声母和韵母两部分的。两个字声母相同叫"双声"，两个字韵母相同叫"叠韵"。双声和叠韵都是某种程度上的音近关系，既双声又叠韵的字便是同音字。由于周秦古韵分类的研究在清代就取得了很大成绩，上古韵部的划分越来越精密，而古声类的研究则相对地一直比较薄弱，所以过去在古文字研究中，要讨论两个字在先秦时代是否同音，不得不对声、韵两方面采取不同的办法。两个字在先秦时代是否属于同一韵部，是可以从各家的古韵分部表中直接查出来的。两个字在先秦时代是否有双声关系，则只能查出它们在中古时代的等韵书中是属于哪一母（或称"纽"）的哪一等字，再从音韵学上加以讨论。后来有些音韵学家总结了古声类的研究成果，编出了同时可以查出一字所属古韵部和古声类（也称"母"）的工具书。现在较易得到的这种工具书，一本是郭锡良的《汉字古音手册》，一本是陈复华、何九盈的《古韵通晓》。前者还对每个字都拟定了古代实际读音。

表面上看，有了这样的工具书，就可以直接查出两个字在先秦时代是否同音或是否有双声、叠韵关系，似乎一点不懂音韵学也不要紧了，其实不然。古韵分部经过长期研究，目前大家看法比较统一，所以二书在每个字的韵部归属上是相当一致的。但古声类两书的名称还不一致，《古韵通晓》的喻母，在《汉字古音手册》中称为余母。从武丁时代的甲骨文到秦代的小篆就有一千多年的历史，在这样漫长的时代中，语音和字音是不会固定不变的。划定古韵部和古声类所依据的资料是时代不一、性质不同的。我们即使承认某一字划归某一韵部和某一声类是有理的,那也只能是它在漫长的上古时代中某一段时间内所属的韵部和声类,并不排除它在整个上古时代仍有声、韵两方面变化的可能。因此,要想从事古文字研究的人,仍然要懂得一些音韵学的原理。至少要知道,哪些韵部是阴、阳、入互相配对而可以对转的,哪些韵部比较相近而可能发生旁转的,哪些韵部则相差较远而必不可转的。还要知道一些声类远近和互相转化的常识。这样,才能从查工具书得到的结果,进一步讨论两个字在上古时代是否可能有过同音或音近的关系。

举例来说,我们要知道奚是否可作为鸡的注音符号,当然不可以从今天奚字和鸡字的读音来讨论问题,而要去查古音的工具书。在郭书中可查得两字古韵同属支部,但古声类中鸡是古见母,奚是古匣母。懂一些音韵学的人,知道匣和见在古代均属喉音,便可推论奚和鸡在商代有同音或音很相近的可能。如果完全不懂音韵学,只会查工具书,就只能简单地承认奚、鸡不同音,奚不能作鸡的声符;或者武断地主张形声字的声符只要有叠韵关系就行,声类如何不必考虑。那显然都是不够科学的。

下面，我们再用一些实际例子说明古音知识在古文字研究中的具体应用。

先举一个纯表义字的识读为例。曹魏时代刻的三体石经中，戎狄的狄字古文被写成 🔲。三体石经的古文是根据汉初出土的孔氏壁中书而来的，狄写作 🔲 是先秦时代的写法。近年出土的侯马盟书中也发现了从爪从衣的 🔲 字，根据三体石经也被当作狄字。当然，根据三体石经，这个字应读成狄的音是无疑的，但从字形上实在难以理解为什么和狄是一个字。因为无论是爪还是衣，古音都和狄字相差很远，不可能是狄的异构形声字。如果是表义字，字形又和狄的词义难以找出可联系之处。因此，可以考虑是读音和狄相同的另一个字。《说文》："裼，袒也。"《玉篇》："裼，脱衣见体也。"与 🔲 象以手捉衣之形颇相吻合。如果裼的读音在先秦时代和狄相同，是不是可以考虑 🔲 是裼的原始表义字呢？裼字的音读在中古时代的《唐韵》以来注为先击切、先的切、先笃切或他计切，和狄的读音不同。但《说文》肯定了裼是从衣易声的形声字，我们可以查到易是古代的余母字（《古韵通晓》作喻母），古韵属锡部。狄是古代的定母字，古韵也属锡部。而余母和定母在古代同属舌头音，🔲 读成狄的音是已知的，所以把 🔲 假定为褅的原始表义字，在字音上也是合理的。显然，把**𤝗**说成是褅袒之褅的表义字，只是因为同音而用作戎狄之狄的通假字，要比把**𤝗**说成就是狄字要优越得多。

再举一个识读形声字的例子。西周的敔者鼎铭文中有一个**𥛚**字，由字形分析，示是示，𠤳是北。但是在东周文字和小篆中，我们没见到从示从北的字。清代阮元把这个字附会成小篆中的秕字，说："比从二人，北亦从二人……二文每以形似通假。"这完全是无稽之谈。因为我们在先秦文字中根本找不到北旁和比旁互相混用的例证。马叙伦知道北和比在形体上不能牵附，就转一个弯子说："北盖秕之声也，北比双声，固可通借……疑当读为荫芘之芘。"这是从字音的角度来论证，但仍然显得很牵强。和北双声的字很多，如果说只要双声就可以互相借代，北和必、付、彭、犮都是双声，为什么不把这个字说成是祕、祔、袚……，而偏偏只能是秕字呢？张政烺先生把这个字释为福字，就很令人信服了。北和福在今天的读音虽然相差很大，古韵却同属职部，均为帮母字，所以福字古音应当和北字是一样的。因此，说**𥛚**是福字的局部性异构（仍保持示这一义符），是有充分理由的。比、犮、必、付、彭等虽然和北在上古时代是双声关系，但从古韵

第四章 古音问题

来看，比是脂部，犮是月部，必是质部，付是侯部，彭是阳部，和北都不是同一韵部的，因而不能单凭双声就随便牵合起来。

再举一个同音通假的例子。新近出土的西周初年的利簋，在铭文中记载了武王伐纣这一重大历史事件。其中提到：在牧野之战之后的第七天，武王到了"𣪊"这个地方。这个地名在商代的宰椃角和宰鼎中作"𣪊"，在周成王时期的王奠新邑鼎中作"柬"。这个金文中屡见的地名，却不见于记载商周历史的古书。《逸周书》中《大匡》和《文政》两篇都提到武王克殷之后"王在管"，其他古书都记载武王的两个弟弟分封于管和蔡。这个历史上很重要的管，在金文中却从来没见过。于省吾先生在考释利簋铭文时，从古音上推定了金文中的𣪊、𣪊、柬跟古书上的管是同一地名。因为，柬、𨳋、官今天的读音虽然各不相同，在上古时代都是见母字，古韵又同属元部。所以𨳋字（据于先生认为原象月光透过门缝，是间隙之间的表义字）可以加注音符柬而作"𣪊"，也可以单写作"柬"，也可以写成以官为音符的"管"，都是同音互代的关系。所以利簋的记载是可以和《大匡》、《文政》的记载互相印证的。

又如，新出土的史墙盘铭文中，用"㝤越"一辞赞美其先祖,该辞在典籍中找不到,意义难以明了。许多古文字学家都把趩字定为爽字的同音代用字,训为"明"。但也有人把趩字读作臧,而训为"善"。对于徥字则有人读为剧,有人读为勮,有人读为虚,但对"徥趩"一辞都不能圆满解释。于省吾先生根据长沙马王堆汉墓出土的《老子甲本卷后古佚书》中引《诗经·长发》的"不竞不絿"一语写成"不勮不詇",证明从豦为音符的字在古代跟竞字可以互相代用。又列举《左传》"使肥与有职竞焉"杜注:"竞,遽也。"《楚辞·大招》的"万物竞只"王注:"竞犹遽也。"作为旁证。认为史墙盘铭文中的"徥趩"也就是见于《左传》的叠韵联绵词"竞爽"。竞爽古代注释家训为"彊明",根据这种古代训释,把铭文中的"徥趩"解释为赞美祖先性格刚强爽朗,也很合适。竞字和以豦为音符的字为什么可以互相代用呢?这是因为它们都是群母字,虽然古韵竞在阳部,豦在鱼部,但阳部和鱼部是阴阳对转的关系。所以把徥读为竞是合乎古音的道理的。

应该强调的是,由于古代字音在声、韵两方面有多种变化的可能性存在。在利用古音知识去解决考释古文字中的具体问题时,单从理论上说明某两个字可以有双声叠韵关系是不够的,最好能举出实际的例证。比如,要判定徲是否可以读成竞，单从阴阳对转的道理说鱼部字可以转为阳部字，只是从理论上提出有这种可能。如果举出"不竞不絿"可以写成"不勮不誄"的实例，就证明了竞和以豦为音符的字是确实可以有这种对转关系的。所以，于省吾先生借用古代司法术语，把前者称为"律"，后者称为"例"，认为只有律、例兼备，所下的判断才能令人信服。前文在谈到裼和狄古音可能相同时，只讲了余母和定母同属舌头音的道理，这是只有律。如果举出《左传》中"易牙"这一人名在《论衡》中写成"狄牙"；《诗经·鲁颂》"狄彼东南"毛笺"狄当为剔"；《说文》惕字或体作悐，逖字或体作逷，那就增加了许多例。这才能具体证明古代易或以易为音符的字和狄或以狄为音符的字是确实有同音互代关系的。前文讲到䕝、柬、管是同一地名时，只讲了閒、柬、管在古代声、韵全同，这也只是律。如果举出《荀子·修身》"柬，理也"杨注"柬与简同"，《诗经·溱洧》"士与女方秉蕑兮"毛传"蕑，蘭也"，齐诗则把蕑字写成"菅"，《一切经音义》引《声类》训蔄为蘭，又说"蔄又作菅、蕑二形"，这就有了例。可以证明由閒、柬、官得声的字，古代确实是互相通假的。这样的论证方法，可避免在研究古字音时只讲可能性而变成无所不通，无所不转的把戏。

在古文中要找通假的例，王念孙的《广雅疏证》、朱骏声的《说文通训定声》、朱起凤的《辞通》、高亨的《古字通假会典》都可以利用。在古文考释中发现的通假的例，王辉《古文字通假字典》作了很好的总结。此外还有白于蓝的《简牍帛书通假字字典》、刘信芳的《楚简帛通假汇释》。

还应该指出的是，由于古汉语中同音词甚多，我们不能单从字音上去论证问题而不注意其他方面的旁证。张政烺先生释𥏪为福之所以令人信服，不仅仅是因为有北、福两字上古同音这一个根据，而且还有周乎卣上福字作𥏪，可作为福字以北为音符的直接证据。愈者鼎铭文中"鲁𥏪"这一辞例，跟士父钟铭文中的"鲁多福"也可以互相参证。把𣎜说成是裼的原始表义字，虽然字音上的论证是没有问题的，在字形上也可以讲得通，但毕竟还没有辞例可证明𣎜确实有裼袒之义，所以只能看成是一种可取的假定，并不能当作定论。如果单就字音论证问题，即使在音韵学上完全正确，那也是会导致漫无边际的猜测之风盛行的。

利用同音通假对字义进行训释，一定要慎重。我们既然承认汉字是一种意音文字，字形在相当程度上有区别语义的功能，如果就本字字义即可以讲通文句，就不必从通假观点再使问题复杂化。像"徿越"一辞，因为在现存文献中找不到可直接说明其意义的资料，所以从同音通假的观点使之与文献中的"竞爽"一辞联系起来是必要的。但是，像蔡侯钟铭中的"为命祗祗"，"祗祗"一辞在古书中有，如《广雅·释诂》："祗祗，敬也。"用来解释铭文是讲得通的。郭沫若说，祗是祁的通借字，"祁祁，舒徐也"。虽然祗和祁古音是可以通借的，但不如就"祗祗"本字训敬令人信服。

总之，研究古文字的人，不能不懂古音，但有了古音知识，必须注意正确地运用，才能有助于考释古文字。没有认真看过一本音韵学基础知识方面的书，就考释古文字、讨论字音，就会今古不分，对声韵通转随便乱说而闹出笑话来。即使有一些古音常识，但以此来牵强附会自己的各种主观臆测而不能正确运用，也同样不可能考释古文字。这是每一个有志于古文字研究的初学者应该引以为戒的。还有的人，只看到今天研究古音的专家在观点、方法上也有种种分歧，结论互相矛盾，就对古音问题采取虚无主义的态度，这也是不对的。既然文字的形音义是不可分割地联系在一起的，音又是形与义之间的中介环节，如果不是单纯地"望文生义"，研究古文字是绝对无法回避古音问题的。要想研究好古文字，在有了一些音韵学的基础知识之后，应该从古音韵学发展史的角度区别哪些研究方法是过时的或错误的，哪些方法是进步的，可取的，才能对不同的结论有所取舍。而且应该密切注意古音韵学的新进展，才能使自己的研究不落后于时代。但由于古音韵学受本身资料的局限，理论上仍不够周密详备，不少结论都具有不同程度的假定性，所以在考释古文字时我们应该避免把古音当作孤证，而且一般不把古音讨论作为论述问题的主证，而只作为重要的辅助证据。但是，从其他方面证据得出的结论，一定要经过目前古音研究公认结论的检验，这对保证结论的可靠性无疑是有益的。当然，古文字资料作为古音研究的新鲜资料，理应对古音研究的已有成果起突破的作用。所以，如果在检验时有了矛盾，应该容许对目前古音研究公认的结论提出怀疑。当然，一有矛盾就说古音研究成果是错的，固执己见，甚至掩饰自己研究中的错误，显然也不是一个严肃的科学工作者所应采取的态度。

第五章

字义的探索

考释古文字的目的，不只在于识字，识字是为了读懂文句，了解这些字在具体辞例中承担什么语义，弄清楚古代人写下单个的或一连串的字时是要表达什么意思。

要正确判定一个已识字在具体使用场合的字义，需要从两个方面考虑。今天一个高中毕业生和一个文科专业的大学毕业生比，识字的数量并不一定有很大的差距，前者看文辞深奥一些的文章之所以产生理解上的错误，往往不是因为识字多少，而在于对每个字的多方面字义掌握得不全面。因而，对字义是否全面了解，乃是能否正确判定文句中的字义的前提。从另一方面说，既然一个字的字义往往是多方面的，想要确定文句中或单独使用的文字的字义，就必得从上下文及具体使用环境加以考虑。拿今天的情况来说，"说"字在"学说"一词中是言论、主张之意；在"说明书"中是解释之意；在"他说得太快"这一文句中是说话之意；在"他说了个媳妇"中是说合之意。都是要看上下文才能确定的。

考释古文字也是这样。能否正确确定一个字在具体文句中的字义，也是要以对该字字义的全面了解为前提，且以辞例为判定的依据。从这个意义上说，辞例对弄清一个字在具体使用场合下的字义，有最后的决定性作用。

但辞例的判定作用，只是在该字所可能有的字义中作取舍，而不能超出该字所可能有的字义的范围。所以，由字形的历史比较法而首先确定该字是什么字，仍然是正确确定字义的根本出发点。

我们要确定已识的先秦古文字在具体使用场合下的字义，会遇到很多的困难。第一，要了解每一个已识的古文字在先秦时代全面的字义，实际上只是一种企望，是古文字研究本身的一个课题，因为先秦时代并没有总结每个字的全面字义的字典传给我们。虽然先秦时代的字义通过种种渠道有相当一部分传到后代，并通过历代训诂学者们的整理、研究，我们今天尚能通晓，但仍有许多字义湮灭在历史的长河中。第二，由于流传至今的古代字义资料都是文字记载，而文字本身的历史变迁和传抄翻印时的讹误，使这些记载往往失去本来面目，导致我们今天理解上的困惑或错误。第三，地下出土的先秦古文字资料没有标点符号，阅读时作不同的断句就可以对辞例有不同的理解，如果再夹有不识或模糊不清的字，更加会使辞例失去明确判定字义的可能。第四，今天我们很容易由上下文正确判定字义，这在很大程度上是因为我们熟悉现时的语言。如果是记录我们不熟悉的语言，上下文往往就失去正确判定字义的作用,反而会导致误解。先秦时代流行的语词大量已经死亡,而且当时的语法也和后代有种种差别,再加上使用通假字的习惯和后代不同,这都增加了我们由辞例判定字义的困难。

因此,考释古文字时,识字固然不易,识出是什么字之后,要判定它在具体使用场合下的字义,往往更难。但如果我们尽可能全面地掌握古代的字义,尽可能正确地发挥辞例的判定作用,是可以指望达到正确的结论的。

一、探求古代字义的几种方法

训诂学对字义的探究,传统上有义训、音训、形训之别,但各人理解不一。我们借用这三个术语,从三方面谈谈了解一个字所可能有的多方面字义的方法。

我们所说的义训,是指历来文献中可以查到的对该字字义的解释。这类解释有的见于古书本文之中,更大量的见于后代人对前代古书的注释之中,以及各种字书之中。这类解释往往不是专讲字义,而是讲语言中的词义的(字义和词义的区别,本章第三节还要讲到,详下)。不过既然是以字记词,也就同时表明了字义。《尔雅》是现存最早的一部解释古书词义的专著，同时也是一部保存了许多古代字义的字典。

古代对字义的解释有种种不同的方法。比如《尔雅》说"宫谓之室"，"室谓之宫"。这是同义字互训。《尔雅》又说："閟谓之门。"閟和门并不是同义字，閟只是门的一种——庙门。这是用共名来解释私名。又如《说文》谓："人者，仁也。"这只是从人的属性即人的含义中的一个方面来解释，说明人是有仁这种品格的。再如《周礼》郑注中说："典，常也、经也、法也。"这是说典字有常、经、法等方面的引申义，但并没有说到典字的典册（重要的书）这一较朴素的原义。再如《尔雅》说："大鼓谓之鼖，小者谓之应。"但对鼓字本身却未加任何解释。因此，要想对某字的字义有全面而正确的了解，需要广泛收集资料并进行比较、分析。在比较和分析时，我们一定要注意：被训释的字和用以训释的字的义界（含义的范围）有种种差别，即使是同义字的义界也并不能密合。而且，这类训释资料也有一个使用通假字的问题。如果形式主义地认为 A 训 B、B 训 C，就推论 A＝C，或 A 训 B，C 也训 B，就推论 A＝C，必然会造成字义上的严重混淆。

有些字在古代的字义并无明确的解说，但后人根据流传下来的古书中的辞例,加以归纳分析,可以得到比较明确而全面的认识。像清代王引之所作《经传释词》一书中,对许多记录虚词的字的字义研究,就有很大的成绩。从辞例排比中总结字义,实际上是了解古代字义的一种独立手段,但其直接资料还是来自己有的文献,我们仍将其归入义训这一大类中。

所谓音训,在起源上是指利用同音字来解释字义。第一部这方面的专门著作是东汉刘熙的《释名》。这种办法之所以具有科学性,主要有两方面的原因:第一,从语言中的一个语词分化而成的各个意义相关的语词,在语音上当然是有联系的。在这种情况下,分别记录这些语词的同音或音近的专用字,在字义上自然也是有联系的。第二,由于汉字在一定程度上允许通假字存在,我们在文献中看到的形体各异的同音字或音近字,其实际字义往往是相同的。《释名》主要是从第一种观点来训释字义的。汉代经师们则往往从第二种观点解释古书中的字义。但是,并非同音词就必然有意义上的联系,刘熙的说解就显然有很多牵强附会的地方。后来又有人主张右文说,认为凡是由同一音符构成的形声字都有字义上的联系(因为形声字中音符一般在右部,所以叫"右文说"),这也是不对的。同一音符构成的形声字的形成史是不同的,生和姓、甥、性可能有字义上的联系,和星就显然没有联系。而且,并不是凡同音的字都会通假,每个时代的通假都有一定的范围,形成一定的惯例,否则,同音字的字义就混淆无别了。汉代经师从通假观点讲字义也有很多说得不对。清代学者强调"学者考字,因形以得其音,因音以得其义"(段玉裁《广雅疏证序》)的实质,是主张从古代同音字关系出发,重新考虑古书中一些字义的说解。这种方法使后代人能不囿于历代相传的对特定文句中某字字义的解释,而作出崭新的更切合辞例、文意的新解释。王念孙的《读书杂志》和王引之的《经义述闻》是我们了解这种方法的典范之作。

从古文字考释的角度来看,过去的研究者用音训方法对字义的各种见解,都已经成为文献上已有的字义成说,并不足以成为了解古代字义的独立手段。因此,我们所说的音训,是指认出一个古文字之后,不限于文献上可查到的对该字字义的已有说解,而从古音上分析它在当时和哪些别的字同音,把这些同音字在文献中可查到的字义,也作为这个古文字所可能有的字义加以考虑。当然,古代可能同音的字很多,是不是会导致漫无边际的乱猜呢？实践证明，这样扩大字义的考虑范围，对找到湮失的古字义是很有必要的。只要我们坚持上面一章中提到的律、例兼备的方法，而且高度重视大量辞例的排比，就能双管齐下地限制音训的考虑范围，得到较好的效果。

所谓形训，是从字的本身形体去推考字义。这方面的第一部系统的著作就是《说文解字》。许慎在这方面作出了重大的历史贡献，但也有不少错误。今天我们见到了许多许慎见不到的先秦文字原有的形体，自然可以纠正他的许多误解。但从根本上说，形训是有其自身的局限性的。记音字和通假字的形体和它在具体使用场合下的字义是毫无关系的。形声字的字义只和形体有某种程度的联系，单看一个字有木旁，首先有一个判定它是义符还是音符的问题。即使判定是义符，也无法肯定字义是一种树，还是树木的某一部分，还是某种木制品……表义字的形体和字义联系最多，但也只能表示字义的一个方面而已（这个问题将在第三节作进一步讨论）。滥用形训往往被讥笑为望文生义，但如果和其他手段相结合，在一定程度上可以限定具体文句中字义的选择范围，某些湮灭了的字义，也可以从字形上窥知一二，或作某种合理的推测。

今天我们已知的古代字义，正是通过以上几种方法综合得到的。举又字为例。从古书的注释中我们知道它在古代就有更、再次之义。如《诗经》毛笺："又，复（復）也。"而《说文》："彐，手也，象形。三指者，手之列多不过三也。"在许慎这是形训，后来从《玉篇》到《康熙字典》都相承把"手也"作为又字的本义，对后人也成了义训。后来段玉裁根据又字作彐而左字作𠂇这两个字形的对比，推定彐是以右手形表右，进而说"此即今之右字"（《说文解字注》），这是由形训而又增加了一条字义。再如《易·系辞》"又以尚贤也"，《经典释文》记载："郑本作有以。"可见汉代郑玄认为该句中的"又"是"有"的通假字，该句中又字的字义是有。《礼记·王制》"王三又，然后制刑"，注文说"又当作宥"，可见该句中又字的字义是宽宥。在当时，都可以看作是音训，后代相承也就成了义训。现在《辞海》、《辞源》对又字分列四条字义，正是这样得到的。

除了字典之外，有些重要的工具书对我们了解古代字义是很有用的。例如清代阮元主编的《经籍籑诂》，广泛辑录了古代各种典籍的本文和注释中对每一个字字义的解释，并把《尔雅》、《方言》、《说文》、《释名》、《广雅》这几部古代重要字书中的训释都收罗在内，按字排比各种字义，省去我们许多查检的功夫。可惜搜集材料还不够齐备，编辑体例也有缺点。近时出版的宗福邦、陈世俊、萧海波主编的《故训汇纂》，引用典籍的时代比《经籍籑诂》下延千余年，篇幅达 1300 万字，超出《经籍籑诂》四倍。而且是在现代汉语言文字学观念指导下编辑的，使用更加方便。此外，如王引之《经传释词》，杨树达《词诠》，裴学海《古书虚字集释》，解惠全、崔永琳、郑天一《古书虚词通解》等书则是查阅虚字辞例和字义的专门工具书。丁福保主编的《说文解字诂林》按字排列了历代研究《说文》诸书的原文，而且均用原书剪裁分贴后影印。对了解过去学者研究字义的成果非常方便。查这些工具书，可以比查字典得到丰富得多的历代字义的知识，对于考释古文字的初学者来说是必要的。

出土的古文字资料，也不断丰富我们对先秦字义的认识。汲取这方面的知识对考释古文字的人来说是尤为重要的。李孝定的《甲骨文字集释》和周法高的《金文诂林》两书，分别把各家对甲骨文和金文字义的说解按字辑抄。例如上举的又字，经过查这两部书，可以知道它在先秦时代的字义还有福佑、佑助、侑祭（祭祀活动的一种）等。段玉裁认为又字古义为右的见解，在甲骨文大量辞例中得到证明。而许慎认为又字在古代有手义，在甲骨文和金文中都找不到证据，看来并不能成立。又字古代有保佑之义，王筠《说文释例》中已经提出这种见解，他认为《诗经·小宛》的"天命不又"，就是《左传》中的"天命不佑"。但《辞海》仍沿袭《康熙字典》的做法，把"天命不又"作为又字有复（更、再次）义的例句，这是编者不知道古文字研究的成果已证明了王筠的见解是对的。《辞源》则把《诗经·宾之初筵》的"室人入又"一句，作为又字有复义的例句。其实，西周金文中常见"入右"一辞，是指举行仪式时做辅助的傧相。"入又"和"入右"的"又"和"右"，都是佑助之义。可见，只靠现成的字典，不努力掌握古文字研究中对古代字义的新发现，是不能全面了解先秦古字义的。

后来，又出版了于省吾主编的《甲骨文字诂林》，张世超、孙凌安、金国泰、马如森撰著的《金文形义通释》，何琳仪著的《战国古文字典》等汇集古文字资料中字义说解的工具书，这方面工作的逐步推进，正在不断丰富着我们对古代汉字的字义的认识。

二、辞例对字义的选定作用

利用上下文来判定字义，古今是一个道理。比如我们知道了又字在古代有多方面的字义，在读甲骨刻辞时，见到"兹月又大雨"时判断又字是有的意思，理解为这个月有大雨；见到"王作三师又中左"时判断又字是右的意思，理解为王设立右、中、左三支军队；见到"祖乙又王"时认为又字是保佑之义；见到"王又于小祖乙"时认为又字是侑祭之义。但是，我们之所以能较有把握地下这种判断，并不是只靠一两个辞例就能做到的，只有总结大量辞例才能区分字义。比如，"又大雨"为什么不可以理解为又下大雨呢？这是因为我们发现，"又大雨"的刻辞有的和"亡（无）大雨"的刻辞在同一块卜骨上，处于相对的位置，显然应理解为有无之有。而其他"又大雨"、"又雨"的刻辞，从全辞上下文来看，都没有把又字释为再次的必要。因而，在卜辞中凡见到"又大雨"、"又雨"，都把又字释为有是可行的。又如，我们单见到一条"又出日"是可能理解为有出日的，也可以理解为太阳又出来。但因为"又出日"和"又入日"对举，而且另有"又于出日"，所以才判定这里的又字应该理解为侑祭。见到"又日",也认为是对太阳进行某种祭祀。如果只有单一的辞例或全辞上下文有不识的字,就很难作肯定的判断了。商代青铜器上有的只铸一个又字,那是很难判定表示什么意义的。有一件盂铸有一个又字,因为我们知道它和另两件铜盂是一套,其余两件各有中字和左字,才知道这个又字大概是表示放置位置的。但不能以此类推其他铜器上的又字都是右方之义,因为还有别的可能。

由于每个字的字义往往是多方面的,同一辞例中的字义在理解上会有种种差异。我们举寿县蔡侯墓出土铜器铭文考释的一些争论作为例子,使初学者对于根据辞例确定字义有一些具体的了解。

(一)吴王光鉴铭文的开端是"隹王五月,既字白期,吉日初庚……"这些字大家都认识。其中"隹"是虚字,"吉日"是好日子,"初庚"是一个月中第一个庚日(庚是十个天干中的一个,古代用干支循环纪日,就像现在农历还用干支循环纪年)。这些,都是早已根据大量辞例弄清楚了的。但是"既字白期"四个字却引起很大争论。

唐兰认为"既"字是已经的意思,"字"字是动词取名字的意思(古代男子生下来先起名,"二十冠而字",就是说，到二十岁举行冠礼时再起一个字）。"既字白期"被解释为"吴王光为他儿子举行冠礼，字为白期"。

郭沫若没有细察原铭，忽略了"字"字上部的宀，误识为"子"字。他认为"子"字在古音和引申义上都可以考虑读成挛或滋，则具有生的意思。"白"字在商周时代当"伯"字用是大家熟知的。"伯"字和"霸"字又是同音代用字，这在先秦典籍中也有很多实例。因此，他认为"既子白期"就是"既生霸期"（周代用月亮的形状——月相来划分一个月中的日期，西周金文中常见的"既生霸"是月亮已生出发光的月面，在初吉之后，既望之前）。"期"字是时期之义。

陈梦家也把"字"字误认为"子"字。他认为"既"字是动词结束的意思。"子白"被假定为吴王僚的字（当时人的字常常叫"子某"，所以有这种设想）。吴王僚是被吴王光派人刺杀的。"期"字被理解为古代为死者服丧制度的一种，即服丧一年。因而，"既子白期"就是结束为子白服丧一年的事情。

这三种见解对每个字的理解几乎都不相同，但都可以自圆其说。当然，略加分析就可以看出，唐、陈二说都是建立在一种大胆设想的基础上的。吴王僚是不是真的以"子白"为字,吴王光是不是真有一个儿子叫"白期",都是史无明载,因而是死无对证的。但是唐兰说"白期"是人名,因为金文中"白"字等于后世"伯"字,"伯期"确实是可能有的人名,而陈梦家立论是建立在把"字"字误识为"子"字的错误上的。"子"字和"字"字在理论上虽可通假,但我们还不知道在典籍和先秦古文字资料中有把人名的"子某"写成"字某"的实例。所以唐说似优于陈说。可是,在金文辞例中还没有发现在记日期时把事件夹在月和日之间叙述的其他例子,因而唐、陈两说都是值得怀疑的。

于省吾先生考释此铭时指出,郭沫若的说法是基本正确的,并且加以补正:第一,"子"字原是"字"字,可引《山海经·中山经》"服之不字"郭璞注:"字,生也。"直接训为"生"。第二,从下文是"吉日初庚"而不是"初吉",反过来说明把"既子白"读成"既生霸"是可取的。

应该看到,郭沫若之所以能把"既子白"考虑成"既生霸",根本的原因还是他知道金文记录日期有先记月份、次记月相、再记日子的格式。如果是不熟悉这种记录日期格式的人,是想不到这样去解释"既子白期"的。而且,"既子白"和"既生霸"表面差别虽然很大,可是熟悉古籍的人都知道，月相名称有不同的写法。《说文》引《周书》有"哉生霸"（哉字之义当是开始），现在《尚书·康诰》及《顾命》作"哉生魄"。可见月相既有异称，又无定字。而且，魄字从鬼而以白为音符，和吴王光鉴以白字代替霸字似乎有渊源关系。总之，熟悉先秦辞例的人，对于把"既子白"解释成"既生霸"，是不会感到惊奇的。

（二）蔡侯盘铭文中有"威义遊遊，灵颂託商"一句，也引起解释上的争论。"威义"相当于典籍中经常见到的"威仪"是没有争论的。《说文》对义字的意义就解释为"己之威仪也"，仪是义字的后起分化字，在古籍中也可以找到例证。《诗经·邶风》有"威仪逮逮"和"威义遊遊"句法一致。但"遊遊"这样的叠字词，在古籍中找不到，无从直接确定其实际意义，因而才采用音训的办法。郭沫若说"威义遊遊犹言威仪悠悠"，于省吾先生则主张"遊遊"应读成"优优"。引《淮南子·时则》"优优简简"高诱注"优，简，宽舒之貌"。《论语》皇疏："优犹宽闲也。"认为铭文中的"遊遊"是"形容威仪之宽闲安适"。其实，"悠悠"一词在古代也有"闲暇貌"之义，如《诗经》中的"悠悠斾旌"是描写旗帜自由自在地飘动。看来，遊遊、优优、悠悠都是宽闲自在的意思，只是该词记录时没有固定的专用字罢了。

"灵颂託商"一语的解释,分歧很大。这里只举两种有代表性的意见谈一谈。

郭沫若在考释此句时,首先对字形未作认真分析。他看到句末有一个商字,而颂字的公旁又不太清楚,就贸然把颂字推定为夏字,认为是两个朝代名称互相对举。从这个错误的基点出发,他把"夏"前面的灵字解释为"空",当作动词,再反过来推论"商"前面的那个字也是动词。该字左部从"音"旁,右部作乀形,他武断地说乀是刀旁,作音符用。对全句解释说:"夏商当即指夏代商代而言,灵者空也,剖殆即韶之古字,假为超,意为前代所无或史无前例。"这样的解释表面上是文从字顺的。但是,仔细校核原铭,可知夏字本应是颂字。而且把乀说成刀旁是没有任何根据的。因为已识的古文字中的刀字或刀旁没有一个是这样写法的。因此,郭说实际上是把对辞例的主观感想当作立论的出发点,不顾实际字形而判定字义,正是所谓屈形就义,结论当然是不能令人信服的。

于省吾先生认为,颂字既非夏字,乀也不是刀。他用偏旁分析的方法,举出金文宅字从乇作乀,陶文亳字从乇作乀,论证本铭中的乀旁就是乇旁。而且,先秦古文字从言从音在很多字中都可以换用的。所以,从音从乀的字无疑就是託字(汉字简化方案规定託和托都写为托)。考虑字义应该从"灵颂託商"这一实际出发,而该句在全铭中的地位又是赞美一位嫁给吴王的蔡国贵族女子的。因此,于先生认为灵字应释为善,颂字应释为动词赞颂。商字应是宋国诗歌的代称(《礼记·乐记》"恃直而慈爱者宜歌商"郑注"商,宋诗也")。把全句的意思解释为:依托有名的宋国诗歌进行美好的赞颂。这里,辞例对字义的选择是起作用的。比如把"商"释为诗歌的一种,而不释为朝代,"颂"不当作一种诗歌体裁而解释为动词,都是因为在具体文句中选择这些字义能够合成一种合理的语义。当然,这种选择并不只有唯一的可能。比如,我们要把"商"当作宫商角徵羽的商,理解为一种乐调的术语,也未必不可以。

后来,陈秉新等人考虑到"灵颂託商"的上一句是"威义遊遊","灵颂"和"威义"正好在相对的位置,而颂字从页,页是强调面部的人形。据《说文》"颂,貌也",是容貌之容的一字,颂、容古音相通。所以把"灵颂"解释为美好的容貌,和"威义"是指神态而言,更加互相匹配。这也很有道理。不过他们或是主张"託"和"度"古音相通,"商"和"章"古音相通,"灵颂託商"就是"仪容美好而有章度";

或是主张"託"通"姙"（即姪），"商"通"彰"，"姙彰犹明媚"。但"度章"和"姙彰"在古书中都没找到确切的证据，还只能可备一说。

（三）吴王光鉴末尾是"往已叔姬虔敬乃后孙＝勿忘"。因为研究者断句不同，对各字字义也就有不同的理解。

郭沫若和陈梦家都漏读了孙字下面的重文符号＝。他们都认为已字是可以读成"矣"的。"往已"就是"去吧"。而且都把后字读为"後"（古代后、後两字有别。《尔雅·释诂》："后，君也。"後字是先后之后的专用字。但用后字代替後字的例子也有，如《礼记·曲礼》："再拜稽首而后对。"这句话中的后字就是先后的后）。但郭沫若读为"往已叔姬，虔敬乃后孙，勿忘"。陈梦家则读为"往已，叔姬虔敬，乃后孙勿忘"。意思就大不一样了。

但实际上，仔细看原铭就可以发觉，孙字下面是附有重文号的。孙诒让在《古籀拾遗》中已经正确地指出，"孙下重文，即子孙，以孙本从子也"。只要辨认出孙字下有重文号，"后子孙"或"后孙孙'，连读都是不合道理的，就会考虑把后字属上读，读成"往已叔姬，虔敬乃后，子孙勿忘"。这样，后字就一定得训为君。从全铭来看，这几句话是吴王光对出嫁的叔姬说的，丈夫对妻子是"君"，是勉励她诚心敬奉夫君。这个例子，一方面表明对原铭没有正确的识读，就不能有正确的断句。又表明了断句不同，对字义就会有不同的理解。有些句读不能肯定的文句，字义上就会有多种不同解释，往往谁也说服不了谁。

总之，我们首先要尊重字形这客观事实来提供该字可能有的字义选择范围，又不能不依赖辞例这一客观事实来判定合适的字义。但这种判定有时并不一定是唯一的可能，而只是在多种可能情况下择优的结果。有时，单靠一句话不能确定字义，而要通观全篇文字的意思，甚至要牵涉到范围更大的引证和讨论，甚至超出单纯古文字研究的范围。

单就发挥辞例应有的作用而言，有两方面是要强调的：第一，不能只着眼于单条辞例，而应该对同类辞例作全面收集、排比和分析。岛邦男的《殷虚卜辞综类》和姚孝遂的《殷墟甲骨刻辞类纂》是按字为单位，把含有某一字的甲骨刻辞编排到一起，而张亚初的《殷周金文集成引得》则把含有某一字形的金文辞例编排到一起，都是很便于利用的工具书。但当我们要研究某一具体问题时，工具书不能代替自己查阅原始资料，常常需要做补充新发现资料的必要工作。第二，要在熟悉先秦古籍中的语汇、文法上不断下功夫，并不断注意先秦古文字资料的释读成果，逐渐熟悉古代的语言文辞，才能对古文字资料中的辞例作出正确的理解，使字义的论断建立在坚实可靠的基础之上。

三、先秦古文字资料对研究古代字义的作用

在第一节中，我们已经以又字为例，提到了古文字资料有助于对古字义的了解。由于这方面的研究历来被视为古文字学的一个重要分支，所以有必要专门作一些讨论。

从古文字资料去研究古代字义，字形和辞例两者都有重大的意义。但过去的研究者往往偏重于字形，这是很不对的。

过去许多文字学家都热衷于从字形去推求每个字的字本义。他们认为，一个字在历史上的多种字义中有一个由字形决定的最原始的最基本的字义，其他的字义则被认为是引申义、转义、假借义等等。甚至认为形训是字义学的基础和主干。这在说文学兴盛的年代，在文字学界是很普遍的观念。后来古文字研究发达起来，大家知

道《说文》中的小篆和其他篆体，并不是最古的字体，就转而用古文字的字形去讨论字本义。实际上，那只是说文学的余绪而已。

认为文字的字义中有一个字形决定的字本义，从理论上说有两方面的错误。

首先，因为文字是记录语言的符号，所以字义并不由字形决定，而是由人们规定它记录语词的意义所决定的。单研究字形，最终结果不过是能够确知它本身是什么图像符号或由哪几个图像符号合成的。如果要起名，可以称为这个字的形本义，并不能由此就推定它所记录的语词的意义。许慎说："又，手也，象形。"他把又认作手形，这无疑是对的。但由此说这个字的字义就是手，这就不一定对了。这就好像大明明是一个人形，但这个字却不是人字，而是大字。ㅊ确实是羊头，但这个字的字义却是羊。

有人会辩解说，我们并不主张单纯从字形去推定字本义，只是根据字形从已知的字义中选定一个字本义而已。但是为什么要这样做呢？这样做的根本思想，仍然是把字义和它所记录的语词的意义割裂开来看待的。一个语词本身就有比较灵活的意思，特别是汉语是孤立语，没有词尾变化，词性是由它在语句中的地位来决定的。

所以,一个语词往往是多义的,那末我们为什么要求记录语词的文字各有一个单一的本义呢?

拿"生"字作个例子,我们已知最原始的字形作ᚐ,肯定是一棵草或一丛草长在地里的样子,我们根据这个字形如何规定这个字的本义呢? 是从这个图形符号的形本义说生字的字本义只限于"草生为生"呢? 还是认为许慎说的"进也"对呢? 其实这一图形本身是可以作多方面理解的,比如可以理解为草长出地面了,那就可以说本义是生长或长起来,也可以理解为草在地上长着,那就可以说本义是活的。但问题的关键不在这里,而在于当人们造出这个字以前,语言中的"生"这个词是先已存在的,语言中的"生"究竟已经有什么含义,生字也就应该有什么字义。如果语言中的"生"已经是泛指万物生长、生育,又可兼作名词、形容词,那末记录这个词的ᚐ,不过是用一个具体可象的图例来表达这种抽象的一般化的概念。又怎么能根据这一符号的"形本义"来把它的字义缩小到只指草的生长或活着的草呢? 当然,我们不能凭空推测在造字之前语言中各个语词的已有含义,而只能从现在能见到的最早的文字记载去作合理的推论。

我们在甲骨文中见到大量向女性祖先"㜼(义为

'求')生"的记载。可以知道在商代语言中"生"已泛指一般生育，而且具有抽象名词的性质。甲骨文中有"获生鹿"的记载，可以知道商代语言中"生"已有形容词活的含义。由此而推论造字之初语言中的"生"的含义恐怕不会是非常狭隘而单一的。因为，在语言产生之后，经过了不知多少万年才有文字出现，语言中词义的引申、转化应该早就存在了。有的研究者不顾这一基本历史事实，干脆用字形去推断语言的初期演进，比如因为生字字形是草长在地上，便推断语言中"生"这个词的原始意义是单指草生长，后来才引申或转化为其他意义，这就比讨论字本义更加荒谬了。

从另一方面，讨论字本义的人，往往是把一个字在起初实际含有的字义跟后代文字规范化过程中所规定的字义混为一谈的。他们看到后代字书中对每个字的字义规定一种有限的范围，主观推想古代的字起初应该有更狭窄的字义范围。其实这和历史事实是完全相违的。傅东华在《字义的演变》一书中说过一段很有趣的话："按理论讲，似乎应该先有本义然后才有转义，但是，事实上却往往是转义先出现的。我们查看一下商、周时代的甲骨文和金文，有很多字都用假借义而不用本义，这是由于古时字少,不得不用同一个字来兼表几个意义,后来那几个意义分化定了,方才给各个意义造出专字来,使它们各具本义。"这段话初看使人十分糊涂。既然叫"本义",本义自然在先,否则"转义"从哪儿转来呢?可是,又说"事实上却往往是转义先出现的",既然如此,为何称之为"转义"而不就叫作"本义"呢?细细推敲这段话,似乎是这位研究者已经开始感觉到:所谓字本义实际上是文字发展过程中逐渐形成的后起观念,即在"各个意义"的语词逐步地各有专字的过程中,为了区别诸字的正确用法而产生的观念。

从这种后起的字本义的观点来看,商周时代的甲骨文、金文,不仅许多字都用假借义而不用本义,而且很多字还用傅东华所说的引申义、比喻义而不用本义。举例来说,𠙶字按字形说是象箕这种用具的。然而找遍商周古文字资料,𠙶字都是作记录虚词之用的,没有一条辞例中的𠙶可以解释为箕。又如𡳿,按字形说应该是草生长,但金文、甲骨文中常用生字记录"姓"这一概念,如"多生"、"百生",这按字本义的观点来说是用引申义了。在甲骨文中常见的"生月"(下一个月),则应说是比喻义了。其实,这种事实说明,在原先人们的观念中,并不存在后代这种狭隘的字本义的观念。如果一定要说当时有字本义，应该是许多字都是本来一字多义的。理论应该符合事实，所以，认为在文字体系形成之际每一个字只应该有一个字义是本义的理论，是站不住脚的。实际上，我们只能在弄清字形是什么图形符号的情况下，判定它和它所记录的语词是有意义上的联系还是只有音上的联系。硬要从字形出发，为一个字实际具有的多种字义派定某一个是"本义"，无论对研究字义演变的实际历史，还是对考释古文字，非但无益，反而有害。

字形并不应该被用来把已知的字义范围压缩到所谓的本义，而应该用来作为探求湮失的字义的一方面手段。比如，又字在古代原有右这一字义（当然还有其他许多字义），但后来湮失了。历来注释家和字典都没有提到又字的这一字义。段玉裁分析彐形和卩形是分别象右手和左手之形，既然卩形符号知道是记录左义的，彐形符号应该可以记录右义。这是一种合理的推论。后来，甲骨文辞例证明了这种推论是对的。这样，我们对又字的古代字义就多知道了一条。以后考释古文字时，当要判定又字在具体辞例中的字义时，就把右这一字义也列入可供选择的范围了。

但这种形训的办法，首先要看对字形的分析是否对，即ㅋ是不是手形，确定是手形之后，又要和其他字形对比分析，才判断它是右手。而由字形推论它可能有的字义，最好要有音上的证据，或是在已知的字义中发现一些可供联系的线索（例如已知的字义和由字形推论的字义有引申的关系、借喻的关系等等）。而推论得到的结果到底对不对，关键还是看有没有实际辞例作为证明。但如果没有人先提出一些合理的假设，即使实际辞例已经存在，也想不到这样解释字义。所以，我们并不应该把由字形推论字义一概斥为望文生义。

古文字资料提供了大量比小篆更古的字形，使我们有可能更正确地理解字的形本义。古文字资料又提供了大量的新鲜辞例，供我们验证对湮失的字义的合理推论。因此，古文字研究者理应在寻求湮失的字义方面作出更多的贡献。

古文字资料中的辞例，对于研究字义的实际变迁，是特别可贵的。但要充分发挥辞例在研究字义变迁方面的作用，也牵涉到一些基本理论问题。

在上文中我们强调了字义不是由字形决定的，而是由字所记录的语词的意义决定的，但决不是说字义问题就等于词义问题。从今天的学科划分来说,字义问题是文字学研究的问题,词义问题是语言学研究的问题。我国传统的训诂学是既研究字义又研究词义的学问。

历史上的语言现象,我们今天都是靠文字记载而得知的,只能从文字记载的资料去研究。所以,许多人把字义和词义混淆了。事实上,字义和词义是有区别的。为了易懂起见,我们举今天的汉语和汉字的关系为例。汉语第三人称代词 ta,泛指男人、女人、生物、非生物。在文字中则分别用他、她、它来记录,也就是说,这三个字义合在一起才等于语言中 ta 这个词的全部词义。相反的,记录打击的打字和记录十二个一打的打字,用的是同一个字,打字的字义就包括了完全不相关的语词的词义(当然,还有哆嗦、噜苏之类两个字义加在一起才等于一个词义)。其实每一个历史时期的文字和语言中的语词也不都是一一对应的关系。有时一个字义只相当于一个词义的一部分,有时一个字义兼包了两个以上的词义。从历史上考察字义的演变,问题就更复杂了,字义的变化不仅是和它所记录的语词的意义变化有关,而且,字所记录的语词或词义范围也会发生变化。比如,中央的"中"和中等的"中",在语言中可能是一个语词,而词义上有一定分化。但在商代甲骨文中，大中小的中写成中，左中右的中写作𣃚，是各有专字的。周代逐渐废止了𣃚字，左中右的中也用中了，中字的字义就扩大了。但后来对表示同辈人年龄大小的排行用的"中"，又开始用加人旁的仲字来记录，由于中、仲两字分化，中字的字义又缩小了。中、仲两字分化固然可以说成是"中"这个语词在语义引申中分化为两个词。但另一个引申为击中目标之义的分化词，却并没有另造专字，仍用中字记录它。可见，字义的演变是很复杂的过程。

　　先秦时代的字义变化情况究竟如何？只有根据确属先秦时代而又原封未动的文字记载来研究。古书虽然有先秦时代写成的，但流传到今天的先秦古籍中的文字，经过古今字的代换，通假字的代换，以及传抄翻刻中的错误，已经面目全非，远不如地下出土的古文字资料来得可靠。从甲骨文的辞例和金文辞例的对比可以看出，一个字在商代的字义和周代就有不同，我们今天能收罗到的一个字的多种字义，往往并不是在同一个时代全都并存的，而是不同时代字义演变积累的结果。如果我们根据越来越多的可靠的先秦辞例，总结每个字在先秦时代某段时间中实有的字义，便可以在判定具体文句中的字义时,缩小选择的范围,避免把不同时代的字义混为一谈,取得更可靠的考释结果。而且,只有研究这样实际的辞例,才能正确地判定每一时期文字和语言的实际关系,不断深化我们对字义与词义关系的认识。

第六章

古文字研究中的几个问题

在前面几章中我们讨论了考释古文字的基本方法。但在运用这些方法进行研究时，有一个问题是不可不注意的，那就是如何正确估计识读古文字的可能性和困难性的问题。

因为我国汉字的字形发展基本上是一个连续的渐变过程，所以有可能用字形的历史比较法去找出其演变的线索，使不识的古文字变成可识。但是，因为在这种渐变过程中又存在着较大的突变，例如截除性简化、异构等，而且还有分化，旧字的死亡和新字的产生等复杂的现象，所以要恢复每一个字的演变序列是会遇到许多困难的。

因为我国文字是既有表音性质而又以字形区别记录语义的意音文字。总的来说，同音异义的语词是靠不同的字形分别作记录符号的，所以我们对已经认出的字，不但可以由今音而推知古音的大概，而且字义也有一定的范围。这样，就有可能在辞例的帮助下，确定它在具体文句中的意义，从而读懂文句。但是，由于我们还不能完全弄清语音历史变迁的全部情况，字义又有很复杂的演变，很多字在同一时期有多种字义，通假的存在也增加了靠字形区别字义的困难性。所以，要确定辞例中已识字的字义，正确理解文句所要表达的意思，也会遇到很多困难。

在古文字研究中,我们所依赖的是两方面的客观材料:一方面是不断出土的古文字资料,它提供越来越多的新鲜的字形演变资料,使我们可以重新找到每个字的演变序列中湮失了的中间环节,把断了的线索连接起来。它又提供了越来越多的新鲜的辞例,使我们对确定当时的字义有越来越多的实际根据。但是,考古发现的古文字资料对于曾经存在过的全部古文字资料来说,只是很小的一部分,所以我们目前所得到的认识肯定是很有限的,片面的。另一方面是流传到今天的古书中有关字形、字音、字义的种种资料,特别是字典、辞书、韵书等专门著作。我们今天对于已识字之所以能够据形而知其音、义,生于今日而懂得古代的语言,是靠这些记载才能做到的。但这些记载本身有不完备、不正确之处,流传过程中又有佚失和产生种种讹误,我们从这种资料所得到的认识,肯定也是不全面或有错误的。

面对这些实际情况,我们对古文字研究究竟应抱什么态度呢?

第一,从汉字本身的特性以及我们目前已具备的实际条件来看,古文字这一客观事物是可以认识的。尤其是地下古文字资料正在不断出土，秦汉以后的各种典籍的古写本也在考古中不断被发现，使我们有可能不断扩大视野，修正错误。因此，古文字学是一门很有发展前途的学科。认为"研讨三千年上之残余文字，若射覆然"。说是难度大，未必不可，但若抱不可知论的虚无态度，认为古文字考释只能是主观猜测，这样的错误看法是我们必须坚决反对的。

第二，由于上面提到过的实际困难，我们对古文字的认识是受到种种限制的，因而，不管有多么正确的方法，并不可能认识所有的古文字，也不可能对已认之字在具体文句中的字义都有明确的判定。因此，坚持正确方法的研究者，一定要有勇于阙疑的精神。认不出来的字就说认不出来，讲不明白的文句就说讲不明白。有些问题，固然可以在一定的客观根据下提出有待验证的假设，但无异于乱猜乱想的假设，也是应该力戒的。

第三，虽然我们对古文字的认识总是受条件限制的，但我们应该发挥主观能动作用去争取最大限度的正确认识。上面几章中讨论的考释古文字的方法问题，只是谈的从客观资料达到正确认识所应遵循的一些原则。这些原则肯定还不够完备，而且不一定都对，所以我们应该在总结和掌握这些原则方面继续下功夫。但要充分发挥主观能动作用，还有两个很重要的方面，一是对已有客观资料正确、全面、系统的了解，一是对考释古文字的原则辩证的运用。

下面，简要地谈一谈这两个方面的问题，即资料问题和方法论问题。

客观资料是一切研究的基础，在古文字研究中，如果字形和辞例尚没弄清，就去考释，当然不会得出正确的结果。在上面我们举过的一些实例中，一些著名的古文字学家也难免犯这种错误，这是因为辨清每个古文字原形，确定古文字资料的辞例，并不是很容易的事。比如，用毛笔写成的字迹，在地下掩埋日久，字迹漫漶模糊，若隐若现。刻铸在青铜器上的文字，有的细如毫发，有的铸造时走形，加上铜锈的破坏或掩盖，也有很难辨识的。在书刊上发表这些资料时，在照片和拓本上辨识字迹，又比就原件辨识字迹更容易出错。如果变成了摹本，那就加上了摹写者主观判断的成分，也会造成差错。唐兰认为：认清字形的方法，"首先……学者有了文字学的根底和认古文字的经验，便该对每一个字的写法先有一个成竹在胸"，不要被不合规律、不合理的写法所迷惑。"其次，学者在辨识一字时，就得把铭辞想法读通，这也是减少错误的办法之一。"(《古文字学导论》)唐兰所说的办法，在估定临摹翻刻过程中已经失真的字形的原来形状，以及笔划有缺失的残字的全形时，是有一定用处的。如果当作认清字形的一般方法，则是危险的。因为这会使人先有主观成见去观察客观字形，反而误入歧途。上面提到郭沫若把"灵颂託商"认作"灵夏超商"，就是如此。对于一般研究者来说，应该强调的是不能在研究字形时单凭转摹的字形就以为可靠，至少要查对已发表的拓本和照片，有条件的应该就原器进行仔细观察，而且要把尊重客观观察到的现象放在比相信自己的主观推论更重要的地位上。

在掌握辞例方面也会发生错误。甲骨易碎，文辞往往残缺，位置邻近的刻辞又容易互相混淆。因为行款不一，有时还会把上下文看颠倒。陈梦家《殷虚卜辞综述》、岛邦男《殷虚卜辞综类》所举的辞例，都有判断上的失误。例如陈梦家举出"御(祭名，祓除不祥之祭)妇鼠不子于妣己"这一辞例，和《诗经·生民》"克禋克祀，祓以弗(除之意)无子"作对比。如果甲骨刻辞确有这样的辞例，那就可以说商代的子字有生子之义，或是不字应该当没有讲。实际上，这是把另一条占卜天气的残辞中的不字误归到

"御妇鼠子于妣己"（为了替妇鼠的儿子被除不祥而向妣己进行祭祀）这条卜辞中了。

还有的错误是因为断句上的失误而造成的。举一个有趣的例子，应侯钟，国内的一件，铭文末尾是"应侯见工"。因为下面没有字了，当然被判定为工字处断句。"应侯"是人名无疑，"见工"便被判定是应侯的行为，读成"献功"。在论证其他问题时，被作为见字有献义的辞例证据。后来才知道国外还有一件花纹、形制完全一样的应侯钟。原来，一整篇铭文，是分成两半铸在这两件钟上的。"应侯见工"之下还有动词，并非一个独立句子，而是全句的主语。"见工"是应侯的名字，并非应侯的行为。

还有的辞例，是完全虚构的。因为字形没有辨清，把甲字硬派为乙字，而造成对乙字根本不存在的虚构辞例。例如，上文提到杨树达把朱释成龟字，他的重要根据是"古人恒言龟贝，文姬匜云'子易龟贝'，其明证也"。然而查《啸堂集古录》中所刊的文姬匜（实际是商代的觥）铭文，就可以发现"贝"上面的那个字，很难说是不是龟字，而且完全可以说成是受赐者的名字，根本不能成为"龟贝"是古代经常连举的明证。要想减少以上种种失误，除了一定要认清字形外，应该注意同类辞例的互相对照。

要充分发挥现有字形和辞例对古文字研究的作用，全面而系统的资料整理是特别重要的事情。成绩卓著的古文字学家之所以能一再解决一般人解决不了的难题，除了方法正确、经验丰富之外，还因为他们比别人更多地积累了古文字字形和辞例方面的资料，贮存于脑海之中，摘抄于笔记卡片之上。在遇到不识的字或难懂的文句时，他们便有比一般人多得多的可供对比分析的材料。当然，每个人积累资料有各人独特的方式，对资料的系统化是符合于各自的研究方法的。但对于古文字学这一学科来说，在逐步统一研究方法的过程中，应该有统一的收集和整理资料的方法，建立大家都可以取用的资料贮存总库。

古文字资料的最初收集整理，是按甲骨文、金文、陶文、石文、玺文、货币文分类的。可分单字字形汇编（如《金文编》、《甲骨文编》等）和原始资料汇编（如《三代吉金文存》、《古玺汇编》等）。后来出现了按分期观点整理原始资料的《甲骨文合集》，按辞例整理资料的《殷虚卜辞综类》、《殷墟甲骨刻辞类纂》，按时代综合各类古文字字形的《古文字类编》等，显示了整理资料中的进步趋势。但目前这类工作做得还很不够，并不能适合于古文字研究方法发展的水平。比如，大家都承认偏旁分析法，黄德宽主编的《古文字谱系疏证》已经把相同偏旁的字汇编在一起，甚便于查考。但仍只收独立成字的资料，因而还有不少缺漏的资料。有志于古文字学的人，决不可把资料整理工作视为低一级的工作。不但在自己进行每一项具体研究时，要尽量全面收集有关资料，加以系统整理，以求通过正确的考释方法而取得尽可能正确的认识。而且，应该有志于为逐步完善古文字学界的公共资料库而贡献力量，按正确考释方法的要求，从不同角度对现有的全部古文字资料作系统整理，编出更多的大家都能利用的工具书来。

方法论的问题，不是几句话能讲得清的。单就运用本书中已经讨论过的基本原则来考释古文字而言，可以提出"全面联系，分清主次，多找可能，正反考虑"这四句话作为一种参考。

比如，我们主张考释古文字要以字形为基本出发点，决不是孤立地去研究字形。字形的历史比较法，并不只是单纯的字形对比。每一个字的字形本来是和字音、字义联系在一起的。每一个字和同时代的许多字又有形、音、义三方面的横的联系。例如，不同字有相同的偏旁，不同的字有同音或同义的关系。不同时代的许多字也有形、音、义三方面的继承和演变的纵的联系。历史比较法是在这种错综复杂的关系中，寻找出每个字的演变序列，那就不能单从字形上考虑问题。比如，我们把禬和福说成是一个字，固然是有𥛱作为字形上的中介。可是字形既有不同，为什么不可以说是三个不同字呢？这就要考虑，北和畐是否可能同音，同音才能解释为音符互代的局部性异构。而且，还要看辞例是否许可把它们解释成同义的，才能从义的角度也把它们说成是一个字。但同音的字很多，辞例允许解释为同义的情况也很多，把这三个字形联系为同一字，毕竟是以字形为主线的，这就是主次之别了。

又如，我们主张先从字形历史比较法识出字，再用辞例加以验证，先从字的本身考虑可能有的字义，再用辞例决定取舍，但并不可以把这变成死板的公式。因为，识字和解义的触发性机缘是多种多样的，所以，实际认识的过程也有不同的顺序。例如，�字的被认识过程就很有意思。起初在甲骨文中见到这个字，是把它和㚈当成一个字的。都和小篆中的䶛联系起来而认为是"並"（按：汉字简化方案把"並排"的"並"和"合并"的"并"合为一字，历史上这两个字是各有专用的）字。我们虽然看到㚈字的两个立旁是上下相错的，但因为古文字中偏旁位置不严格的例子很多，所以不能单凭这一点就说它和丛一定不是一个字。甲骨文中又只发现了丛字的少量辞例，不足以证明丛和丛一定有意义上的不同，所以《甲骨文编》把丛、丛都当作並字，也没有别的研究者提出异议。另一方面，《说文》中替字的小篆作朁，许慎的说解是"废，一偏下也"。王筠《说文句读》解释说："一偏下者，一边下也。一边下，仍有一边不下。"王筠的意思是推测替字的两个立旁，本来有一个是靠下的。段玉裁在《说文解字注》中也说："相并而一边庳下，则其势必至同下，所谓陵夷也。"这是假定有一个立旁靠下，从字形来解释替字有废义的道理。但朁字是被许慎归入並（並）部的。我们又没见到替字确实有一边下一边不下的实证，所以段、王的解释只能视为一种推测。

近来出土的中山王鼎铭文末尾有"子子孙孙，永定保之，毋丛厥邦"一语，丛字出现在这样的辞例中，引起了研究者的注意。张政烺先生是很善于在全面联系中考释古文字的。虽然有的研究者仍把"毋丛厥邦"读成"母並厥邦"。他却想起了王筠、段玉裁对替字的解释，把"毋丛厥邦"读成"毋替厥邦"。并引《诗经·楚茨》"子子孙孙，勿替引之"，《尚书·康诰》"勿替敬典"，《召诰》"勿替有殷历年"作为旁证。而且，再上溯到甲骨文中的𣥏，就发现卜辞中"其𣥏御（御是一种祭名）"是和"其引御"对举的，替为废除，引为延续，义正相反，又恰恰和《楚茨》中的"勿替引之"互相印证，因而完全可以肯定𣥏不是並字，而是替字的前身了。

从上例中可以看出，𣥏字之被识出来，并没有发现新的字形资料，只是因为发现了一条与古书上"勿替"一辞可直接对比的辞例。正是这条辞例成了认识𣥏字的触发性机缘。因而，𣥏字的字义是一开始就肯定为废而无需再选择的。但如果分析张先生立论的基点，毕竟不是辞例的对比，而𣥏和𣥏在字形上有差别。张先生考虑的多方面联系，是由甲骨文中有𣥏，中山王鼎有𣥏，《说文》中有被王、段两人推测为有一个立旁应靠一下的替，贯串起来的。如果没有这一条主线，全面联系就会变成牵强附会的东拉西扯，也就不会令人信服了。要是单从"毋𣥏厥邦"这一辞例出发考虑问题，那末，一种可能是认为读"並"讲不通，所以把𣥏推测为其他任何符合辞意的字就行。另一种可能是沿袭旧说把𣥏定为"並"，再用同音通假或辗转义训的办法使它在句子中也能讲得通。那样，当然是得不到正确的结论的。

　　所以,我们在考释古文字时,方法是可以变通的。坚持正确的方法和具体运用时的变通,总的目的都是一个:有利于发现被研究对象实际存在的多方面联系。但是,在考虑多方面的联系时,决不可丢失了字形演变规律所允许的字形联系这样一条主线。如果偏重于辞例所允许的义或音的范围去考虑诸现象之间的联系,就容易虚构实际上不存在的联系,反而忽略了实际存在的联系。

　　提倡全面地看问题,就是力求多设想诸现象之间联系的可能性。能不能做到这一点,有两方面的先决因素。第一,对实际存在的现象是否全面了解。第二,对现象之间联系的规律性是否全面掌握。拿茻字来说,如果不了解小篆替字作𦭝形而许慎有"一偏下"的说解,自然不会想到茻和替字有联系的可能。在字形演变规律方面,只知道古文字偏旁的相对位置不如后代文字那样严格,不知道有些字是一直靠偏旁相对位置的不同而加以区别的,那就会满足于茻、茻都是茻的看法,而不会再想到有别的可能了。但是,在相同的先决条件下,有些研究者能多想几种可能,有的研究者则不能,这就会在成就上出现差异了。

　　有些研究者,往往只考虑一种可能性而不多想几种可能性,而且以为自己考虑到的一种可能性便是唯一的可能性。结果,本来多设想几种可能性就可以找到解决途径的问题,被当成了无法解决的问题;本来因为有多种可能而无法定论的问题,反倒做出了武断的结论。

当然,每个人所把握的现象和规律的知识,总是有限的,因而,不能强求对每个问题都想出许多可能性来。在自己认为只有一种可能性的时候,我们也应该采取自己反驳自己的办法。比如,我认为㭊字只能和小篆的並字联系,那就反过来想:要证明㭊不能和小篆並字联系,我能不能找到理由。比较正反两方面的理由,才能估定自己所发现的那种可能性有多大的确实性。这样,虽然不能直接找出解决问题的新途径,至少可以减少许多武断的见解,懂得阙疑的必要。

还有一些研究者,他们倒是竭力主张多考虑几种可能性的。但是,他们不先在全面了解实际存在的现象和把握现象之间联系的规律方面扎扎实实地下功夫,而一味强调思想方法的灵活性。结果,既不能判别什么是无根据的空想,什么是有根据的假设,又不能在都有一定根据的几种假设之间判定优劣。甚至以为只要有可能性就可以立论,别人要反驳他的论点,就说人家看问题不全面。这是抽掉了辩证法的灵魂——对实际事物做具体分析，完全陷入诡辩论了。

最后，还有一个问题要说几句。

本书对考释古文字方法的讨论，基点是放在从已识的小篆去认识待识的先秦文字。实际上，根据出土的先秦古文字资料，我们越来越清楚地认识到，篆书和隶书的分化，在先秦时代已经开始了。因而，对于先秦文字的研究，单从小篆出发作字形的历史比较，显然是片面的。还需要从汉代隶书逐步形成的角度去研究前代的字形变化，才能对先秦尤其是战国时代的字形演变有全面的认识。所以，现在有些古文字研究者主张把古文字学的研究范围至少扩大到西汉的古隶，这种观点是值得重视的。当然，从隶书去认识待识的先秦文字，和从小篆去认识先秦文字，在方法和原则上是基本一致的。然而，隶变这种字形演变的特殊规律性是需要专门研究和总结的。这方面的研究还只能说在草创时期。可是，由于这方面的新资料不断出土，隶书学很有可能作为古文字学的一个独特分支或完全独立的一门学科而兴盛起来。这将对先秦古文字研究和整个汉字史的研究都发生重大影响。热切期望有更多的人，特别是年轻人，从事于这方面的研究工作。

写在后面

自从跟随于省吾先生学习古文字，到现在已经二十多年了。回忆起于先生对我的精心教育和热诚期望，因为自己这些年没有从事多少古文字的实际研究而万分负疚。于省吾先生从事古文字研究五十余年，有丰硕的成果和可贵的经验，但没能写一部总结古文字学理论的专著，这是非常可惜的。因为长年在于先生身边，比较了解于先生的研究实践，又一再聆听于先生在古文字研究方法方面的教导，便写了这本小册子。写的时候又加上了自己的学习心得体会，结果成了四不像的东西。几经修改，勉强定稿，于先生却已长逝。不能再就正于严师，抱憾无穷。但自以为所写的内容，骨子里都是得自于先生的教导。权充灵前之祭，寄托哀思。

　　于先生的论著，以严谨著称于中外学林。先生生前常对我们讲治学中博和精的关系。在结束这本小册子时，还想说一点感想。古文字学和其他任何学科一样，都不是孤立存在的，古文字学和许多其他学科有密切的联系。现今的古文字学家是从很不同的途径而走到古文字研究上来的，在研究中就各有其擅长，各有其特点。于先生自己说，他是从古器物学转而研究古文字的。他把古文字研究和古籍考订结合起来，在两方面都有所创造。

写在后面

187

解放后，他又重视学习民族学、原始社会史和考古学，所以在古文字研究中屡有新解。但他最强调的仍然是考释古文字的严密而科学的方法，认为这是取得正确研究结果的关键。

老一辈的古文字学家往往从各自的治学道路出发，对初学者提出不同的要求。比如说："没有古文献底子别想搞古文字"，"不懂先秦史就不能研究古文字"，"要懂民族学"，"要懂语言学"，"要懂考古学"等等。当然，哪门知识对古文字研究都是有用的。你要考订有关作物名称的古文字，就得有植物学知识和农业知识。你要释读玺印文字，就得有古地理知识和古代官制的知识。你要讲通曾侯墓出土的编钟上的铭文，甚至还要有专门的古代音乐知识……这是举不胜举的。

实际上，不单是搞古文字研究，搞任何学问，有宽阔的知识面总是一个有利条件。但是，真正作为搞古文字研究的先决条件只有一条，那就是要有阅读繁体字的古代典籍的基本能力。至于其他知识，有了自然更好，没有也不要紧，在研究古文字过程中可以结合实际需要随时去学。目前真正的危险并不在于搞古文字研究的人知识面太窄，而是在古文字研究中用东拉西扯的办法炫耀其博学，从而掩盖在研究路子和方法上的根本错误和对古文字学本身的极端无知，使古文字研究变成一种哗众取宠或借以吓人的把戏。所以，在这本小册子中，尽自己浅薄的能力，专谈了古文字学本身的一些问题。热切希望每一个有志于古文字研究的人，不要一开始就走到"头重脚轻根底浅"的邪路上去。

林沄

1984 年 9 月 15 日

写在后面